尾道坂道書店事件簿

児玉憲宗

Kodama Kenso

本の雑誌社

尾道坂道書店事件簿

坂道篇

闘病篇

尾道篇

書店事件簿篇

装　丁
岩郷重力＋WONDER WORKZ。

カバーイラスト
沢野ひとし

坂道篇

明日の書店、明日の売場

午後三時をまわったあたりから、雨が降ったかと思えば止み、止んだかと思えばまた降りはじめる、落ち着きのない空に変わった。

仕事帰りの途中、啓文社コア福山西店に寄った。売場を見てまわり、スタッフと話をして、雨が止んだのを確認して帰ることにした。車のドアを開けた拍子に、膝に置いていた雑誌が落ちて車の下に消えた。アスファルトが濡れていた。

屈んで車の下に手を伸ばしてみる。目いっぱい伸ばしたから肩がはずれそうで涙目になる。確かここらあたりに落ちたはず。さらに深く屈んだ時、車椅子が後ろに滑っていった。あらっ。気がついたら車椅子から転落していた。

通りがかったスタッフに応援を呼んでもらい、抱えあげてもらった。表紙がごわごわになった雑誌を後部座席に投げ、半泣きで帰った。

それから十日経ち、右足首のあたりが腫れてきて、内出血をしているようだったので病院に行くことにした。わたしは両下肢麻痺のため、骨折しても捻挫をしても痛みを感じない。だから、見た感じで判断するしかないのだ。

医師はレントゲン写真に写った右足を指して「折れていますね」と言った。もう十年近く歩いていないので骨の密度が低くなっていて、折れやすくなっていたらしい。手術の必要はないが、骨がずれるといけないからと太ももから下をギプスで固められた。一か月半から二か月ではずれるので、それまで入院するようにと言われたが、ただ、くっつくのを待つだけなら自宅で充分と言って帰ってきた。

車椅子に座り、右足だけを板に載せて前に伸ばしている状態。出勤は無理なので、休むしかない。二か月近く自宅療養をすることになった。毎週金曜、介護タクシーを呼んで、病院に行き、レントゲンを撮り、包帯を巻きなおす。それ以外は、まったく外出しない日が続く。

これが思った以上にストレスだった。書店に行きたくてたまらない。新聞やインターネットで本の情報を得ることができるが、やっぱり書店で実物を見たいのだ。

本を読む時間はたっぷりあるものの、遂には読む本がなくなってしまった。しかたがないので、本棚にある読んだ本の中から、もう一度読む本を探すことにする。

まず、手に取ったのは、『明日の広告』（佐藤尚之／アスキー新書）。読むのはおそらく三回目。でも読むごとに新しい発見がある。

「スラムダンク一億冊感謝キャンペーン」を手掛けた佐藤尚之さんが、その時の体験を中心に具体例を挙げながら広告のあり方を語っている。この本の副題は、「変化した消費者とコミュニケーションする方法」。消費者は変化しているのだから広告も変わらなければならない。これが佐藤さんの持論だ。

わたしはこの本にある「広告」という言葉を「書店」に置き換えながら読んだ。書店の売場に置き換える方がわかりやすかったからだ。

ある一冊の本を買ってもらおうと思うと、書店員は何をすれば良いだろう。置き場所、置き方を変えてみるか、効果的なＰＯＰ（ポップ）やチラシを作ってみるか。お客さんは変わっているのだから今までのやり方だけではきっとだめなのだろう。とにかくできるだけ多くの人に伝えたいと思うが、欲張りすぎると、かえって伝わりにくいかもしれない。でも、特定のお客さんだけに伝わればそれで良いのだろうか。大きな効果が得られないのであれば、それは自己満足に過ぎないのではないだろうか。

答えはなかなか見つからない。まるで変わりたい自分と変わることを拒む自分が頭の中で天使と悪魔になって喧嘩をしているみたいだ。この本に何度も登場する「変わらなければならない」、「変えなければならない」の言葉に勇気づけられ、背中を押されるうちにとりあえず覚悟だけはできた。さらには、「伝える売場」にしなければならないことは納得できた。

明日の書店、明日の売場のあり方が少しだけ見えてきた気がする。

次に読んだ本は、旭山動物園の小菅正夫園長が書いた『〈旭山動物園〉革命』（角川ｏｎｅテーマ21）。この本を読むのも三度目だと思うが、二度目は何年も前のことだから忘れていた部分も多い。そうそうと思い出しながら読んだが、『明日の広告』を読んだ直後ということもあり、今までなら気づかなかった発見があった。

子どもから大人まで愛されてきた動物園は、レジャーのあり方が多様化した八〇年代以降、入園者数は減少の一途をたどることになる。賑わっている動物園といえば、めったに見ることができない珍しい動物や人気ものの動物がいる動物園くらいのもので、ほとんどの動物園では入園者の最低記録を年々更新し続け、閉園に追いやられる動物園も出てきている。

まるでどこかで聞いたような話だった。

情報の多様化が進むにつれて、出版業界の売上は右肩下がり。書店の大型化が進む一方、中小の書店は減っている。出版点数は増え続けているが、売上は上がらない。だからその多くが返品になる。ベストセラーのおかげで一時的に売上が跳ね上がることはあっても、来月それがあるかどうか保証はない。あんな良い立地に、あんな大きな売場を持っていたらお客さんが集まるのも無理はないよねと隣の芝生を、指をくわえて眺めているだけでは何も解決しないし、何も好転しない。

そんな中で旭山動物園のあの盛況ぶりである。どんな取り組みをしたかはご存じのとおり。本書の言葉を借りれば、「動物たちの素晴らしさがお客さんに伝わる動物園」を考え、実践した。それぞれの動物が持つ最も特徴的な動きなどを見せること、つまりは「見せ方」を徹底的に工夫したのだった。そこにコラムや手書きPOPを付け、動物の魅力を紹介した。その結果、旭山動物園のシロクマが、他の動物園のシロクマに比べて特別な能力や特徴を持っているわけでもないのに、お客さんは旭山動物園のシロクマを観に行きたいと思うようになったのだ。

書店に並ぶいろいろな本もそれぞれ特徴を持っている。きれいな表紙の絵本や料理書を棚に入れるだけではつまらない。表紙を見てもらってこそ、その本の魅力が際立つというものだ。わたしはいつの間にかこの本にある「動物」という言葉を、「本」に置き換えて読んでいた。

実は、この二冊はいずれも、大田垣専務が薦めてくださった本だ。特に、『明日の広告』は、「久しぶりに感動した。久しぶりに何度も読み返したい本に出合った」とあちこちで絶賛していた。大田垣専務は、この本から受けた感動を伝えながら、「本を読んで感動できる者でなければ、本の感動を伝えられない」ことを言いたかったのかもしれない。

だって、『明日の広告』にも書いてあったのだ。大切なのは「自分たちが『伝えたい相手』になってみること」だと。

その本の素晴らしさがお客さんに伝わるような見せ方とは何だろう。本の素晴らしさが伝わるようなキャッチコピーやＰＯＰとは何だろう。しかも、それは今までとまったく違う方法でなければならないはずだ。お客さんは変わってきているのだから、今までと同じ伝え方で良いわけがない。

わたしたち書店員は「本」のことを時として「商品」と呼び、時として「在庫」と呼ぶ。しかし、お客さんにとってはいつも「本」でしかない。わたしたちが本を「本」と感じなくて何が伝えられるというのか。

そんなことを考えているうちに、居ても立ってもいられなくなった。ああ、書店に行きたい。書店に行って答えを探したい。本当の「見せ方」「伝え方」を考えたい。

誰かこのギプスをはずしてくれないか。

本が好き、本を売るのはもっと好き

汽車が尾道の海へさしかかると、煤けた小さい町の屋根が提灯のように拡がって来る。赤い千光寺の塔が見える、山は爽かな若葉だ。緑色の海向うにドックの赤い船が、帆柱を空に突きさしている。私は涙があふれていた。

（『新版 放浪記』林芙美子／新潮文庫）

海と云っても、前に大きな島があって、河のように思われた。何十隻という漁船や荷船が所々にもやっている。そしてその赤黄色い灯の美しく水に映るのが、如何にも賑やかで、何となく東京の真夜中の町を想わせた。

（『暗夜行路』志賀直哉／新潮文庫）

今まで、多くの文学者が尾道に魅せられている。穏やかな気候、眺めているだけで心が静まる風景、いきいきとした人々の暮らしぶりに憧れ、山と海に挟まれた小さな町に移り住み、その景色や生活を描いてきた。こうして尾道は、いつしか「文学のまち」と呼ばれるようになったのだ。尾道ゆかりの作家には、感じたままを素直に表現する人が多い。自由に思うままを描くには、情趣と活気が同居する尾道は恰好の舞台なのだろう。

もしかしたら、わたしの祖先も、志賀直哉や林芙美子の家族のように、この町に魅せられ安住の地として選んだのかもしれない。志賀直哉が障子を開け、いつも眺めていた対岸の島は、わたしの生まれ育った島だ。造船会社に勤める父や船乗りを目指して商船学校に進んだ兄と同様、海に囲まれて暮らすことが当たり前のこととして育った。しかし、わたしには海よりも好きなものがあったから、父や兄とは違う道を選んだのだ。大学を卒業して地元に戻り、尾道の書店に就職した。

わたしが勤める啓文社は、広島県に二十以上の店舗を展開する書店チェーンである。かつては煙草元売捌《もとうりさばき》を生業としていたらしい。ところが、昭和の初めに突然、元売捌制度が廃止されたため煙草が取り扱えなくなり、転業せざるを得なくなった。今まで人のからだに害を及ぼすもので儲けたから、今度は人に役立つものを売りたい。そんな理由で書店を始めたそうだ。

確かに、わたしたちが扱っている本は、人の生活に大きな影響を及ぼしている。本は、人生の節目に必要とされることがあるし、人生を変えるきっかけになることさえある。

入試参考書や資格試験問題集などの問い合わせや注文を受ける時も、その切実な様子に、書店が担う役割の大きさを思い知ることがある。

「娘をどうしてもこの学校に入れたいの。絶対に合格する問題集ありませんか」という切羽つまった問い合わせや、「明らかに高望みの学校を受験しようとする息子に諦めるよう説得してほしい」という御門違いな要望に遭遇したりする。

　昨年はこんなことがあった。レベルが高い進学校の過去問題集の解答に誤植が見つかった。親が発行元にクレームの電話を入れたが、その対応の悪さが怒りの火に油を注ぐ結果となった。「次回、出荷する商品から正誤表を挟み込みます」。今、全国の書店にある問題集はどうするのだ。既に買ってしまった受験生がそのまま間違った解答を鵜呑みにして受験したらどうするのだ。さらには、「啓文社ともあろうものが、こんな非常識な出版社が発行する問題集を扱うなんてとんでもない。今すぐ全商品を返品し、今後、この出版社の商品は一冊たりとも販売しないでほしい」と詰め寄られる。出版社と連絡を取り責任を持った対応を取らせることを約束して、何とか溜飲を下げてもらった。

　もちろんトラブルだけでなく、「店員の人が薦めてくれた問題集で合格できた」とわざわざお礼を言いに来店されたという話も聞いたことがある。特に、試験は一生を左右する場合もあるので神経をすり減らすが、書店員冥利に尽きる喜びも多い。

わたしは本を読むことが好きで、本に囲まれた仕事を選んだが、書店員としての刺激的な毎日は、わたしの価値観を少し変えた。

　本を読むのが好き。本を売るのはもっと好きなのだ。

売場に立たない書店員

わたしは、書店で働いているが、売場には立たない。書店員でありながら、店頭で本を売ることがほとんどない。書店にいない奇妙な書店員。そんなわたしの仕事についてお話ししたいと思う。

わたしが働く啓文社は、広島県内に二十数店舗を持つ書店チェーン。わたしは、本部でチェーンの一括仕入れ窓口を担当している。とはいっても、書籍や雑誌のすべてを本部が仕入れるのではない。ほとんどの商品は、各店の各分野担当者が仕入れている。店舗では、店長が仕入れの総責任者だが、文庫、雑誌、コミック、コンピュータ、学習参考書など、それぞれ分野ごとに担当者がいて、その人たちが、仕入れから、陳列、返品の抜き出し、コーナー企画までおこなっている。

では、わたしが、どういった商品を本部としてチェーン一括注文しているかというと、こんな感じだ。

（1）単店ではなかなか確保できないベストセラー
（2）一部の店でよく売れているものの、他の店ではノーマークになっている売行き良好書
（3）大型企画商品や季節商品
（4）販売目標を共有している特約出版社の主要商品

全国の書店チェーンは、いろいろなタイプや規模があり、それぞれ思想も手法も違う。本部一括の位置づけや役割もさまざまだ。極端な言い方をすれば、十軒の書店があれば十通りの考え方、運営方法がある。

コミックの販売方法について、いくつかの書店と意見交換をしたことがある。ある書店は、「Aランク商品は平積み、Bランクは棚に二〜三冊、Cランクは棚に一冊。Dランク以下は在庫しない」と言った。それを聞いた別の書店は、Bランク商品の二冊のうち、一冊をストックしてしまえば、Dランク商品も揃えることができるのに」と反論した。この二つの書店は、規模も立地も違うし、競合店の環境も違う。どちらが正解でどちらが間違いとも言い切れない。まさに、それぞれのやり方があるというところだろう。

わたしは、出版社や取次会社の営業の人を心から尊敬している。真反対な価値観を持つ書店を毎日相手にしているのだからだ。わたしにはきっとできない。

さて、上記のチェーン一括仕入れの中で、最も頻度が高いのは、（2）である。

各店のそれぞれの担当者が、仕入れの判断のため参考にする主な情報は、販売データと店頭でのお問い合わせである。しかし、販売データは、その店で扱っているものの中からしか出てこない。『鈴木敏文 考える原則』（緒方知行／日経ビジネス人文庫）には、「売れ筋商品は、私たちが売っていない商品のなかにあります。POSからは売っている商品のデータは出ますが、お客様が買いたいという商品が入っていません」とあるが、まさにそのとおりだと思う。

たとえば、『平凡な大学生のボクがネット株で3億円稼いだ秘術教えます！』（三村雄太／扶桑社）は、わがチェーンの旗艦店であるポートプラザ店では、発売三日間で、入荷数の七十パーセントが売れていたが、調べてみると、わがチェーンでは、この本が入荷しているのは、ポートプラザ店を含めてわずか数店舗だった。このことをポートプラザ店の店長から聞き、発行元に電話したところ、「全国的に出足が良く、さっそく重版を決めた」とのこと。その場で全店分の追加を発注した。入荷していない店ではまだ気づいていないが、わたしはこの時点で、ポートプラザ店や全国の主要書店では発売時から出足良く売れていて、出版社はさっそく重版を決定し、重版のタイミングで、新聞広告の掲載を検討しているという情報を持つことができている。情報の宝庫である書店現場よりも、本部の方が早く情報を入手できた例の一つ。

出版社もチェーンの仕入れ担当であるわたしに積極的に情報提供してくれるし、チェーンでは、何がどれだけ入荷し、どの店がどれだけ売ったかはパソコンを眺めていれば把握することができる。

しかし、商品の売行きはわかっていても、肝心の表紙、判型、ページ数をまったく知らないこともある。見たこともない本を仕入れるという行為はどうしても違和感があるし、現場から、本を知らない人間が仕入れをしていると思われるのは想像しただけでつらい。仕事中に、書店に行き、売場を見ることがなかなかできないので、休日を利用して、できるだけいろいろな書店を見てまわることにしている。そして、本を読む量だけは、社内№1でいたいと思うことがせめてもの抵抗だ。

だから、気になった本、薦められた本は片っ端から読む。負けられない。

六十坪から五百坪へ

わたしが書店員になって間もない頃だから、二十年以上前の話だ。

啓文社に入社し、最初に配属されたのは広島県三原市にある三原店で、売場面積六十坪の書店だった。わたしが着任した時には、既に開店して十年が経っていたが、開店当時は、「何でも揃っている大きな書店ができた」と評判だったという。事実、わずか六十坪の店に、棚は少ないものの専門書も置いてあった。開店して十年間、一度も売上をダウンさせていないことがスタッフの自慢だったが、このあたりから売上至上主義ではなく、利益を追求することに重きを置くようになってきた。入社当初、三原店に正社員は六人。店長、外商部員二名、店売にも先輩にあたる女性社員が二名で、準社員や契約社員よりも多かった。それで、利益を上げるには人件費を抑えていくことが一番効果的という結論になった。リストラというのはなかったが、スタッフが何かの事情で辞めても、補充人員の採用はおこなわず、店長は、「今より一名少ないままで運営するから、具体的にどうするかは君が考えなさい」と言った。考えなさいと言われてもどうしたら良いのかわからないので、「今度辞める○○さんが担当していた文庫は、これからぼくが担当することにします」と答えた。次の人が辞めても、その次の人が辞めても、このやり取りを繰り返し、いつしか、わたしの担当分野は、文芸書、文庫、新書、小・中・高校学習参考書、辞典、語学書、理工書、海事書、法律経済書、教育書、芸術書になった。考えが浅い人間は、こうして自分を追い込むしか術がないのである。それだけではなく、新刊・補充注文品など書籍の開荷、返品もわたし一人の担当だった。雑誌担当が休みの時は代わりに近所へ週刊誌の配達もしたし、経理担当が休みの時は、経理事務をやった。

三原店の安保店長は、啓文社の中で最もベテラン店長で、店舗運営だけでなく、教育に力を入れていた。そうでなければ、右も左もわからないぺーぺー社員に対し、運営について「自分で考えて決めろ」なんて言わないし、いろいろな仕事を任せるはずがない。そして、しょっちゅう、ボロクソに言われた。さらに、先輩社員より早く出社して遅く帰れと指導された。

安保店長は、数字に強く、データを重視し、細かいところをいつも突いてくる人だ。「安保店長に口で勝てたら、君も一人前だ」と当時、倉敷店の大田垣店長に励まされた。

日曜日は、入荷品がないし、出版社、販売会社も休みなので、安保店長も休みの日だった。わたしは自分が任されている日曜日の売上を高くしようと、一人で開店時間より一時間早く出社して店を開けていた。三原店は、三原駅と三原港を結ぶ通りにあったので、早朝でも人通りがある。わたし以外、誰も出勤していなくても開店するので、レジをしている最中に電話がかかっても出ることはできないし、お問い合わせがあり、本を探しに行った時は、レジカウンターは空っぽだった。それでもわずか六十坪の売場だからどうにか全体を見渡すことができたのだ。

ある日曜日の朝、例によって一人で店を開けていると、陽に焼けた筋肉質の男性客が入ってきた。レジで待っていると、ゲイ雑誌の『薔薇族』と『サムソン』と『アドン』をレジに持ってきた。三原店はなぜかゲイ雑誌がよく売れるのでいろいろと揃えていた。平静を装い淡々と会計をしていたら「あなた、こういうの興味ある?」と尋ねられ凍ってしまった。この時、店内にはわたしと男性客の二人だけで、かなり焦ったが、「い、いえっ」と蚊の鳴くような声で答えると「あっそ」と、さっさと代金を支払って帰った。

いろいろな分野を担当したおかげで、さまざまな出版社の人と知り合えたのはラッキーだった。店にはあまり出版社の人は来てくださらなかったけど。

その後の啓文社は、ロードサイドに駐車場を完備した出店を続け、売場面積をどんどん大型化し、複合化し、深夜営業をするようになった。わたしの勤める三原店は、駐車場もなく、啓文社の中でも一番狭かった。他の店には、三原店では見たこともない書籍がたくさんあり、三原店には来ることはない出版社の人が営業に来ていた。

福山店の世良店長の前で、「大きな店で働く先輩社員が羨ましい」とこぼすと、「六十坪の書店で働く書店員は六十坪分の商品知識しかなくていいのか。言い訳をせず、大きな書店の書店員よりも幅広い商品知識が持てるように勉強すればいい」と言われた。これを境に、休みの日は他の書店を見てまわることを習慣にした。出版社には「三原店にもぜひ寄ってください」と片っ端から電話した。

一九九九年、啓文社は、福山市のど真ん中に最も売場の広いポートプラザ店を開店することになり、わたしは店長を任された。ポートプラザ店の売場面積は五百坪。それまで啓文社で書籍売場が一番広い店が二百二十坪だったので、二倍以上の書店を作ることになる。今まで見てきたいくつかの大型書店のレイアウト、サイン、商品構成、ラインアップが大いに役立った。

ポートプラザ店が開店した時には、安保店長も世良店長も既に啓文社を去っていたが、この二人がいなければ、わたしはポートプラザ店を立ち上げることができなかったかもしれない。

七転八倒五里霧中

入社して、七転び八起き、無我夢中の三年が過ぎた。新米書店員のわたしにとって、七転び八起きというより七転八倒、無我夢中というより五里霧中の三年だった。

一九八七年、啓文社は、福山市郊外にコア店を出店することになる。駐車場を持ち、二フロアで売場は二百二十坪。一階は、書籍・雑誌と文具。二階は、コミック、学習参考書、児童書とレコードレンタル。啓文社の中で最大となるコア店には、福山本通り店から世良店長が着任した。

そして、わたしも、世良店長からコア店スタッフとして呼ばれる。かつて、「小さな店では幅広い商品知識がつかない」と相談し、「売場の広さと書店員の商品知識は別だ」とたしなめられた店長だ。コア店のメンバーに指名されたのは、それほど言うなら大きな店で自分を試してみろという意味だったのか。真意はわからないが、とにかく、わたしは啓文社の一番小さな店から最も大きな店に異動となった。

福山市には、既に、福山本通り店、旭が丘店、伊勢が丘店、そして郊外型では一号店のブックシティーがあったが、実質的に、コア店の出店が、福山でのドミナント戦略の皮切りとなった。社長は、コア店店長に「既存の店を叩き潰すくらいの気持ちでやれ」と言い、既存店の店長には「コア店に負けるな。遠慮はいらないから」と励ました。啓文社のドミナントは、自社同士が競い合い、しのぎを削ることで、結果的に他の競合店をはじき出すという形で進んだ。

たとえば、出版社営業の人が訪店し、フェア企画を案内してもらった時などは、「このフェアはぜひやってみたいですね。ところで、あっちの啓文社にはもう行きましたか。これから行くのなら、このフェアは案内しないでください。あちらの店が同じフェアをやるのならうちの店ではやりませんから」と言うのはしょっちゅうだった。

とにかく、近隣の他書店と同じことは絶対にしたくないという気持ちが強く、独自のイベントやブックフェアを月替わりで開催した。ライバルのブックシティー啓文社は入口を入ると、新刊、ベストセラーコーナーだったが、コア店の入口を入った場所は、催事コーナーだった。

店長は、（売上を稼ぐ）実を取るフェアと、（売れなくてもいいからおもしろい）名を取るフェアを交互にやろうと言い、スタッフからもどんどん提案させた。お祭り好きのわたしも積極的に企画した。ジョン・レノンの命日に合わせた「ビートルズフェア」では、開催期間のBGMにジョン・レノンやビートルズだけを流し、「スタンド・バイ・ミー」を鼻歌まじりで気持ちよく仕事させてもらった。野田秀樹、鴻上尚史、北村想、如月小春、山崎哲などの著書、劇団の戯曲、パンフレットなどを集めて「小劇団フェア」なども採用してもらったが、そういえば、なぜか、わたしの企画したフェアは「名を取るフェア」の番にまわされていたなあ。

「書店は常に進化しなければならない。お客さんといっしょに育っていかなければならない」

店長は口ぐせのように言った。

オリジナルで企画するフェアは、できるだけ常備していない書籍、出版社のもので展開しようというルールがあり、フェアが好評なら、そのまま、常設にする。それを繰り返すことで自店のお客さんのニーズを探り、棚の商品をそれに合わせていこうとした。

開店当初は、まわりは田んぼだらけだったが、見る見るうちに、家が建ち、店ができて、あっという間に町になる。コア店の棚もどんどん深みを増していった。

「○○さんとか、△△さんとか、児玉君とか、世良店長が育てた社員は多いですね」

「○○さんや△△君は確かに入社の時から私が育てたけど、児玉君には何も教えてないよ。彼はいつも勝手にやってきた」

出版社の人と店長のこんなやり取りを耳にしたことがある。従順でないわたしは最後まで弟子として認められなかったが、店長から教わったことは多かった。

世良店長は、文学青年のまま歳を重ねたような人だったが、一方、専門書に強く、商品管理には特にうるさい職人でもあった。わたしは文芸書を担当していたが、ある日、文芸書棚を、店長が腕組みをして眺めている。気になって、そばに寄り「何か……」と尋ねても、うーんと唸るだけ。随分と長い時間待たされ、やがて店長はようやく口を開く。「棚が、かすんでいる……」。なんだか『哭きの竜』（能條純一／竹書房）の主人公みたいなことを呟いた。「ど、どういう意味ですか」と聞くと、「棚に魂が感じられないんだよ」と言って、静かに立ち去っていった。あなたは禅寺の和尚か。

しかたがないので、棚とにらめっこを繰り返し、自分なりに答えを出して、棚の配列や並べる順番、構成などを変えてみた。

あくる日、店長がまた文芸書の前で立ち止まり、しばらく棚を見て、やがて頭を横に振りながら去っていく。その姿を見て、きっと、まだダメなんだと、また棚の本を並べ換えたり、今まで揃えていなかった本を仕入れてみる。

店長は、前職が出版社だったせいか、本に対する愛着が人一倍強く、同時に厳しかった。一冊の本には、著者や編集者といった作り手の愛と情熱がつまっているのだということを教え込まれた。

ついでにいうと、出版社の営業マンにも思いきり厳しかった。案内しに来た新刊について、次から次へと質問を浴びせ、答えられないと「勉強しなおして来い」と追い返した。

読書量も並大抵ではなかった。わたしがこれからの人生を、店長の二倍のスピードで本を読んでいっても一生追いつかないくらいの差があった。これ以上、差がつかないようにするためには、本を読みまくるしかなかった。

確かに優しくくわしく教えてくれることは、まったくといっていいほどなかった。だから、「ぼくは児玉なんか育ててないよ」なんて言うのだろう。

そっちがそのつもりでも勝手にいいところだけ吸収させてもらいましたから。もちろん、偏屈な性格は真似しませんし。

高くそびえる壁

月日が経つのは速い。

光陰――『容疑者Xの献身』（東野圭吾／文藝春秋）の石神哲哉が難解な数学問題を、いとも簡単に解く――が如しである。

気がつけば、啓文社コア店がオープンして三年が過ぎていた。地域でもチェーン内でも圧倒的な売上を誇る一番店になっていた。

そんな一九九〇年、啓文社は、福山駅前にあるファッションビル「キャスパ」七階に売場面積百三十五坪で出店を決める。そして、わたしは、啓文社キャスパ店の店長に任命された。

その二年前。コア店は開店一年目に大がかりなリニューアルを敢行した。レコードレンタルをCDレンタルに替え、児童書売場を二階から一階に移設するなどレイアウト、商品構成を大幅に変更したのだ。

実は、リニューアル直前に店長が体調を崩し、入院してしまった。店長が不在でも、予定どおりリニューアルは進めなければならない。時間を見つけては病室に報告に行き、また店に戻り、進行状況を確認する。営業を続けながら、同時進行でリニューアルの準備をおこなう。変更が生じると今までの準備が無駄になり、また一からやり直しということもあった。それでもスケジュールは延ばせない。遅れを取り戻すために、営業時間が終わってからも準備を続け、気がついたら夜が明けていて、そのまま朝の入荷品の荷受をして開店を迎えるという日もあった。当時のわたしは――『夜のピクニック』（恩田陸／新潮社）に登場する、順位に命を賭ける運動部の生徒みたいに――若かった。若さゆえの勢いで無理もできたが、今やれと言われたら、荷物をまとめて三つ指ついて「長い間お世話になりました」と、あてのない旅に出るに違いない。

何とかコア店リニューアルを無事やり遂げることができたので、「店長をやらせてみるか」ということになったのだと思う。

キャスパは、来店客の七十パーセントが若い女性。その平均年齢は二十一歳。メインは高校生というファッションビルだった。ビルの中でネクタイをした男性は、店員か出入りの業者だけ。だいたいが、このビルには、男のわたしが買えるものといったら、一階サービスカウンターで販売している煙草しかなかった。

それでも、キャスパは、「総合書店として高い集客力を発揮し、あらゆる客層を呼び込んでほしい」と要望した。実際、わたしたちが出店しようとしている場所は、もともと別の書店が営業していた跡で、その書店はオーソドックスな商品構成というか、むしろ硬派な品揃えで高い評価を受けていた。

そんなこともあって、最初に悩んだのは商品構成だった。あらゆる客層を対象にしたフル・ラインアップの総合書店を作るか、メイン客層に照準を絞った商品群でかためるか。その答えを探しに、各地のファッションビルにある書店を見てまわる。そして、悩んだ末、若い女性層に徹底的にマッチさせた書店を作ることに決めた。駅前とはいえ、七階であるため、「目的買いのお客さんをどれだけ集客できるか」がテーマでもあったからだ。売場面積が広く、もっと下のフロアだったら、話は変わったかもしれない。

やると決めたらとことんやる。まずは、百三十五坪の売場のうち、三十五坪をコミック売場にあてた。コミックの強い書店をまわり、調べたが、当時、西日本でトップクラスの品揃えになっていたと思う。

駅にはキヨスクと書店があり、駅前の路面にも書店やコンビニがあったので、七階にある当店は週刊誌がほとんど売れなかった。ビジネス雑誌、クルマ雑誌もまったく売れない。女性雑誌だけで稼ぐ雑誌の売上占有率は十五パーセントだったが、コミックは三十五パーセントもあった。

電車やバスで通学する高校生が多く、近くに予備校があったこともあり、高校生向けの学習参考書もよく売れた。文庫は、ティーンズ文庫、ファンタジー文庫の棚をたっぷり取り、できるだけ表紙を見せて陳列した。

そして洋書。外国の人はクルマを運転する人は少ないので、郊外には行かず、駅前などの商業集積地に集まる。加えて、専門店よりも、いろいろなものが手に入る商業ビルを好んだ。外国雑誌は、日本人女性の購入が中心だったように思う。ガーデニング、インテリアといった趣味の雑誌や、アイドル雑誌の定期購読が多かった。

文芸書や文庫は、若い女性、特に高校生に人気の作家、作品は強かったが、逆に、時代小説はどんなに名の売れたベストセラー作家の作品であろうと売れなかった。しかし、新刊は、人気作家のものほど印刷部数が多く、たくさん入荷する。入荷する量と売れるものがマッチしないのだ。欲しい本は全然足りなくて、自店に合わない本は山ほど余る。とにかく返品がやたら多かった。

腹を括って、新刊パターン配本のランクを次々にカットし、商品のほとんどを自主仕入れにすることにした。欲しい本は出版社にデータを見せて交渉し、確保に努めた。以来、データを使った仕入れを重要視するようになったのは、実はこのおかげだ。

書店は、元来、赤ちゃん絵本から相続贈与の本まで、すべての年代をターゲットにしている。

「本を読むのは大嫌い。ドライブが最高！」という人にも、道路地図、遊び場ガイドやカー・メンテナンスの本などを提案できる。料理、野菜づくり、麻雀、スポーツ……ありとあらゆる趣味嗜好、いかなる思想の人だって、必要とする本が存在する。読書が苦手という人はいても、書店で買い物をしたことがない人はいない。しかし、キャスパには、わたしが生まれてこのかた足を踏み込んだことがないショップがいくつもあり、今後も足を踏み入れることはないはずのショップがたくさんあった。

他のテナントの人と仲良くなり、他業種のいろいろな話を聞くことができたのは収穫だった。啓文社キャスパ店では、お客さん一人当たりの平均購買金額は千円だったが、キャスパで最も客単価が高い呉服店では、八万円だった。続いて、宝石・アクセサリーのショップが二万円。このショップと同じ売上を稼ごうと思うと、二十倍の人数のお客さんにレジに来てもらわないといけないのだが、それでも、キャスパでは高校生中心で単価の低いピアスなどが売れ筋なので、他の支店よりも客単価は低いということだった。ブランド品のバッグを売るショップの人に、「本はいいね、定価販売だから。殿様商売だ」と言われたことがあるが、「五百円の文庫を一冊買ってもらうとおよそ百円の儲け。その積み重ねで、給料をもらい、家賃や光熱費やその他の経費を払う。一日何冊売れれば、儲かると思います？」と説明すると驚かれた。

ファッションビルに入り、いろいろなショップを見て、書店の客層の幅広さ、集客の強さをあらためて実感した。

同時に、すべての層をターゲットにできることが書店の武器であるにもかかわらず、ファッションビルの七階にあることで客層が絞られることは、――『灰色の北壁』(真保裕一／講談社)の舞台であり、世界のクライマーから恐れられる「ホワイト・タワー」みたいに――高い壁に感じた。

思えば、キャスパ店では、常にこの高くそびえる壁との闘いだった。

新米店長の劇場

福嶋聡さんの著書『劇場としての書店』（新評論）には、「舞台としての売り場、役者としての書店員、演出家としての店長」という言葉があり、抜群の表現に唸らされる。

新米店長のわたしにとっての劇場は、若い女性客が全体の七割を占めるファッションビルの七階。この特異な環境にある劇場では、面食らうことも多かった。

たとえば、書店は、他の小売業がそうであるように、お客さんの顔と名前を覚え、好みの本の傾向も頭に叩き込む。「○○さん、岸田秀の新刊が入っていますよ」と声をかけたりすると、自分の趣味を理解してくれている書店だと信頼してくださったりする。前の店でもそうしたように、キャスパ店でも同じことを女子高校生にやってみる。「○○さん、角川ルビー文庫の、ごとうしのぶの新刊が入ったからレジに取っておきましたよ」気を利かして、そう声をかけた。間違いなく、こちらの声が聞こえたはずなのに、○○さんは知らんふりして、立ち去ってしまった。年頃の女の子の扱いには気をつかわなければならないと反省しきり。顔も名前も好きな作品の傾向も全部わかっていても、あえて無機質な書店員を演じる必要があったのだ。

さて、コミックを地域で一番の品揃えにすることで順調なスタートを切ることができたが、同時にお客さんからさまざまな要望があり、それに応える形で、関連商品が増えていった。コミック・キャラクターの缶ペン、下敷きといったグッズや、アニメビデオや声優のCDなど。これらを扱うことで一気にお客さんが拡がることになるが、これらの商品には事前注文の締め切りがあったり、本と違って買切なので、仕入れではとても苦労した。人気キャラクターでもグッズに使われる絵やデザインが悪いと売行きは鈍く、コミックが売れているからといってグッズやCDが売れるとは限らないので失敗も多かった。

失敗は多かったがやるべきことは明確だったからたじろぎはしない。すべての層をターゲットにできることが書店の武器であるにもかかわらず、ファッションビルの七階にあることで客層が絞られているため、その武器が活かせないのだから、絞られた客層である若い女性客は遠くからでも集めるしかない。そのためには、他の書店では置いていないものを扱うことが一番の有効手段だった。

ある日、「ジャパン・コミックが人気」という記事を雑誌で見つけた。日本のコミックの英訳版をアメリカで販売したところ大人気という内容だった。『うる星やつら』（高橋留美子）、『カムイ伝』（白土三平）といった人気コミックの英訳版を日本でも売りたいと思った。上京し、発行元の日本支社と交渉し、販売させてもらうことにした。あとになって、まんがの森池袋店などが大々的に展開したが、当時、日本では啓文社キャスパ店でしか販売しておらず、北海道や東京からも注文が来た。ファンクラブの人たちから注文が次々来た。

次に目をつけたのは、同人誌コミック。まだ、メジャーデビューしていなかったCLAMPやえみくりの作品の販売を開始した。コミケや通販でしか買えないコミックや小説だったので、こちらもかなり遠方から買いに来てくださった。

取り扱いをお願いする時は、電話番号などがわからないので、通販の連絡先宛に手紙を書いた。「当店のお客さんに、こんなおもしろい作品があることを教えてあげたい。そして地元にいるファンの人に手軽に買えるようにしたい。だからぜひ当店で扱わせてください」。同人誌コミックはこの手紙作戦で取り扱うことを断られたことはなかった。

取り扱えることが決まると、メインのイベント台で大々的にフェア展開をする。まずはお披露目ということで思いっきり派手に展開した後、棚に定着させる。コア店でよくやっていた作戦である。

同じような方法で拡げていったのは、コミックではないけれど、タカラヅカもの。書籍、写真集、雑誌バックナンバー、ビデオ、カレンダーなど。こういった商品は口コミだけで拡がっていく。そしていったんお客さんが付くと確実に定着してくださった。

コミックやタカラヅカ関連商品は、お客さんから情報がどんどんもらえる。「今度、こういう商品が出るらしい」、「これからはこの人の人気が出るはず」。実に早く正確な情報だった。

それなら、コミック売場や「タカラヅカ」コーナーに伝言板を設置して、お客さん同士の情報の場にしたらどうでしょう。スタッフの一人、前田さんが提案してくれたアイディアをさっそく実践したら、これが大当たり。毎日、たくさんの人が伝言板目当てに来店し、何よりわたしたちが情報を得ることができた。

こういうふうに、新米店長は実はスタッフに助けられてばかりだった。

女性スタッフとともに

啓文社キャスパ店オープンに際して、スタッフのほとんどを新規で採用した。唯一人の例外は、福山本通り店から異動してもらった前田さん。彼女は福山本通り店でコミックを担当していて、前年の売上実績に対して十～三十パーセントという大幅アップを何か月も続けていた。福山本通り店では他のジャンルが同じような伸びをしていたわけではなく、まさにコミックの伸びが全体を引っ張っているといえた。さらに言えば、コミックをそんなに伸ばしている店は他になかった。わたしは、彼女がどんな方法で売上を伸ばしているのか知らなかったが、コミックをキャスパ店の柱と位置づけることに決めた時点で、担当は前田さんにやってもらいたいと考えた。

キャスパ店でいっしょに働きはじめ、まず意外だったのは、前田さんがコミックをあまり好きではないということだった。てっきりかなりのコミック好きだと思っていたのだが、むしろ、小説やエッセイを好み、また、数多くの絵本や児童文学を読みこなしていた。

自分自身がそれほどコミックを好きでない代わりに、コミック好きのスタッフやお客さんの話をとにかくよく聞いていた。どんなコミックがおもしろいかだけでなく、どうしておもしろいのか。「それでそれで」と興味深く聞くので、みんなも嬉々として贔屓の作品について熱く語る。

さらに、スタッフが読み終えたコミック雑誌を譲ってもらい、目を通していたようだ。自宅で読むために大きな袋に入れて重そうに持ち帰るコミック雑誌には、少年向け、青年向けのものも含まれていて、「前田さんはいろんなコミックを読んでいるみたいだけど、本当のところはどんな作品が好みなの」と訊くと「実はあまり……」と答えた。好きな作家がいなかったわけではないが、できるだけ客観的に見ることで偏重した売場にすることを避けていたのだと思う。

前田さんは、啓文社に入る前は、POPや販促用の看板を作製する仕事をしていたそうで、コミック・ファンから聞いた知識やコミック誌から拾った情報をたくさんのPOPで紹介した。数々のPOPが売場を彩り、それを見ているだけで楽しかった。

前田さんが活躍したのはコミックだけではない。

書店のレジ業務は、注文受付、図書カードの販売、検定試験の受付、プレゼント包装など、思いのほか複雑だ。そしてやたらお問い合わせが多い。前田さんは、開店して間もない店にルールをつくり、みんながやりやすいように、台帳、帳票類やマニュアルを次々に作っていった。彼女がこの時作った帳票などには、今では啓文社全体の統一フォームとして活用されているものも多い。

平山さんは、啓文社が出店する前に同じ場所で営業していた書店で働いていたのだが、そのまま啓文社のスタッフとして加わってもらった。彼女は常連客の顔と名前を完璧に覚えていて、何軒も取り引きしていた塾の先生からの信頼も厚かった。前の書店のお客さんをスムーズに引き継ぐことができたのは彼女のおかげだ。

アルバイトとして採用した三島君は、家庭教師をやっていて、昼間は暇だからと応募してくれた。特に数学が得意で、わたしが複雑で面倒なデータ付けを頼んでも、楽々とこなしてくれ、見事なまでの分析結果を残してくれたので重宝した。

さらに、彼はミステリが大好きで、「ハヤカワ文庫、創元推理文庫の平台に、本格ミステリにのめり込んでいく過程で、読んでおくべき名著や人気作品を揃えて、初心者向けからマニア向けまで順番に並べてみました」とさらりと言ってのけたりした。彼自身、書店員が天職だと気づいたようで、教えていた生徒を無事合格させた後、家庭教師を一切やめ、書店の仕事に専念した。

キャスパ店の客層が、若い女性中心だったこともあり、働くスタッフも若い女性が大半を占める。ファッション雑誌を好むスタッフもいれば、音楽雑誌、映画雑誌を読むスタッフもいる。車のトランクにいつも釣り道具が入っているアウトドア派もいれば、休憩時間にジャニーズ事務所のナントカ君の写真を見ながらハートの瞳をしている子もいた。彼女たちと話をして、関心を持っているもの、夢中になっているものを聞き、それに関する本を集めれば、あっという間にブック・フェアができた。

駅前という通勤の便利さ、ファッションビルという洗練されたイメージ、書店という文化的なイメージ。時給は高くないもののスタッフ募集をすると、すぐに多くの応募が集まったので助かったが、たった一日勤務しただけで、「私には向いてないことがわかった」、「思ったより仕事がきつく、続けていく自信がない」と音をあげて辞める人も多かった。結局は面接するわたしに見る目がなかったということになるのだが、「書店の仕事は想像以上にきついですよ」と何度も念を押して説明しても、誰もが笑顔で「大丈夫です」と答えるのだ。

書店員は、毎日膨大な量の商品と格闘する強靭な体力と精神力が必要だから、それに耐えられる人、そのつらさを上まわる楽しさを仕事の中に見つけた人だけが続けられる。

そんなスタッフに助けられながら、新米店長は少しずつ成長したのだった。

闘病篇

異変、戦いの前に

一九九九年は、啓文社にとって、まさに勝負の年だった。

尾道駅前に市内最大三百坪の福屋ブックセンターを、そしてわずか一週間後には、福山市中心部に、啓文社としては最大の売場面積五百坪で、ポートプラザ店を開店することになったのだ。

啓文社は、広島県東部においてドミナント戦略で展開していることもあり、両店の出店は、ライバル書店だけでなく、自社の店舗にも影響を与えることは必至だった。だから、開店の準備を進めながら、既存店一つひとつのダメージを推測し、それぞれの対策を講じる必要があった。それはスクラップだったり、リニューアルだったり、業種転換だったり。

わたしは、この頃、本社に勤務しており、大田垣営業本部長のもとで、試算、条件交渉といった出店準備や既存店対策を進めていた。

さて、新店の店長は誰にしようという話になって、「ポートプラザ店はわたしにさせてもらえませんか」とお願いしてみた。以前より、啓文社も近い将来は五百坪クラスの書店を作ることになると思っていたから、それに備えて自分なりに大型書店の研究を続けてきたという自負があったし、何よりも会社として初挑戦である大型店舗を自分の手で運営してみたかった。実際に、いくつかの具体的なプランやイメージがあった。

もともと啓文社には「やりたい」と手を挙げた者にとりあえずやらせてみるというとてもありがたい風土があって、そのおかげで、わたしはポートプラザ店の店長をすることになり、開店の約半年前から準備に専念させてもらうことができた。

啓文社としては初めて本格的に扱う医学書、看護書や洋書、お客さん自身が探したい本を調べられるタッチパネル式検索機の導入など、新しい試みは、計画の内容が明確になるにつれて胸が高鳴った。さらにありがたいことに、社内屈指のスペシャリストたちがスタッフとして集結した。

スタッフのユニフォームや包装袋、文庫カバーなども一新し、啓文社として新たな歴史の一ページを開こうとしていた。

ところが、よりによってこの大事な時期に、わたしのからだに異変が起きていた。背中が痛くていつまでも治まらない。最初は筋肉痛だと思っていたが、痛みはどんどん増すばかりで困ってしまった。

もともと病院なんて大嫌い。嫌いというより病院とはまったく縁のない人生をおくってきた。中学、高校はサッカー部、大学ではハンドボール部の体力自慢。からだがぶつかり合うスポーツを続けながら怪我などしたことがない。どんなに優れた選手でも大事な試合の直前に故障してしまう場合がある。本人にはお気の毒だが、チームにとっては大迷惑だ。わたしは決して切れ味の良いプレイヤーではなかったが、まさに「無事これ名馬」を地でいくタイプだった。そもそもわが家には、「柿の種より小さい種は全部飲み込め。サンマより小さい魚の骨はすべて噛み砕け」という家訓がある。皿の上には何も残らない。骨など折れるわけがない。

そんなわたしも今回ばかりはさすがに病院のお世話にならないわけにいかなくなった。近所の内科医院を訪ねた。原因がわからないまま、痛み止めのクスリをもらった。しばらくは効いていたクスリもそのうちまったく効かなくなり、痛み止めは注射に替わる。朝、注射を打ってから仕事に行く日々が続いた。新たに採用するスタッフの面接、研修、商品の棚詰め。昼間は気持ちが張っているので何とかもつのだが、家に帰ると階段も這って上がり降りしなければならないほどつらくなった。

四月十四日にオープンした啓文社福屋ブックセンターに続き、二十一日、ポートプラザ店も遂に開店。

ポートプラザは、福山市のど真ん中。東西南北の交通アクセスも抜群で、三千台の収容力を持つ大型ショッピングセンター。地域では群を抜く商品力を持つ啓文社はその一階にある。うまくいかない理由はどこにもなかった。開店を心待ちにしていたお客さんや、次々と来店される出版社からの評価も高く、順調なすべり出しといえた。もちろん、本当の戦いはこれから始まるということは充分承知していたが。

ところが、わたしのからだは肝心のゴールデンウィークさえ、もたなかった。あえなく入院することになったのだ。

転院、手術、そしてリハビリ

痛み止めのクスリも注射も効かなくなり、そればかりか痛みは背中だけでなく胸にまで拡がってきた。

痛みや痺れに対する治療で評判の良い病院に替わったところ、肋間神経痛（何らかの原因で、肋骨と肋骨の間にある神経に痛みが生じる症状）と診断され、痛みを和らげる「神経ブロック」という治療をするため、二週間ほど入院することになった。

生まれて初めての入院生活は、さすがに要領を得ないことばかりだった。とはいっても、病名もわかり、痛みも和らいできたので、内心ほっとしていたところだった。医師は「とりあえず痛みを抑えただけで、肋間神経痛になった原因をはっきりさせなければ何にもならない」と言って、いろいろな検査を続けた。けれども、骨が折れているわけでもなければ、内臓に悪いところがあるわけでもなかった。

ＭＲＩ検査の結果が出て、医師から「手術をしなければならないので大きな病院に移ってください」と告げられ、その日のうちに転院となった。病室に空きがなく、無理やり脳外科の病室に入れてもらい、翌日には手術をした。何が何やらわからないまま、言われるがまま、「はい」「はい」とただ従うだけだった。

人のからだは、頭蓋骨から骨盤まで積み木のような骨が連なっている。その骨の中を、脳と手足、内臓を結ぶ神経である脊髄が通っている。脊髄の中に悪性のリンパ腫瘍が見つかったのだ。痛みは、腫瘍がだんだんと大きくなって神経を圧迫していたためだった。悪性なので手術によりすべて取り払わなければならない。全身麻酔をしていたので手術中の記憶はまったくないが、術後はひと晩じゅう、背中を激しい痛みが襲っていたことだけ覚えている。場所が場所だけに手術に時間をかけることは大量の出血を招き、命に影響してくる。かといって、悪性リンパ腫は体内にわずかでも残すわけにいかないため、とても難しい手術だったそうだ。それでも執刀医は、「すべて取り除けたと思う」と満足そうな表情を見せた。

そして、この手術を境に、わたしの下半身はまったく動かなくなった。

脊髄が破壊されて神経組織が死んだり、切れたりして起こった知覚や運動の障害を麻痺といい、この状態を脊髄損傷という。損傷した箇所から、脳と結ぶ神経が遮断され、麻痺する。動かすこともできないばかりか、触っても感じない。わたしの場合、みぞおちから下の神経が全廃した。損傷した場所がもう少し下なら腹筋に神経が残り、座ったり起き上がったりすることが楽だったはずだが、もう少し上なら、両腕にも麻痺が及んでいたところだった。

人体ではいろいろな奇跡が起こるので、神経が切れていても脳から指令を出し続けたり、何かの拍子に、別のルートで神経が下半身につながることもあるらしく、医師や看護師は「百パーセント元に戻らない」とは決して言わなかったが、悪性リンパ腫の治療を続けるため、整形外科病棟から内科病棟に移るなかで、整形外科医はやがて姿を見せなくなり、内科で新たに担当となった医師も脊髄損傷についてほとんど触れることがなかったことから、わたしはこれからの人生を下半身麻痺のままでおくらざるを得ないことを悟った。

内科病棟に移ってもしばらくはただベッドに寝ているだけの毎日だった。寝たまま食事をした。布団の中に隠れた自分の足が曲がっているのか伸びているのか、どっちを向いているのかわからない。靴下を履いているのか裸足なのかわからない。排便をしたいという感覚すらなく、便が出たかどうかすらわからないまま、ただ寝ていた。起き上がることもできず、自分の手でかろうじて太ももを触り、間違いなく足がついていることだけは確認できた。寝返りも打てず、いつも仰向けで、天井とにらめっこの毎日。天井にある染みの数や形を全部覚えるほどの時間をベッドで過ごした。

母が病室に訪れると、必ず、布団に手を入れてわたしの足をさすった。「こうやって刺激を与えていたら動くようになるかもしれん」と、まるで祈るようにいつまでもさすった。足を触られていてもまったく感じないが、布団の布が擦れる音で触られているとわかる。しばらくして音が止まったので「もう終わり？」と訊くと、「どうして止めたのがわかったん？　もしかして、感覚が戻ったんじゃない？」と、驚きと喜びが入り混じったような顔をする。「絶対、神経が戻るよ。絶対、また歩けるようになるよ」と、また足を撫ではじめる。

何日か経つと、上体を起こせるようになった。最初のうちは、からだを起こすと目眩がしたが、だんだんと慣れていった。そして初めて車椅子に乗せてもらった。車椅子であろうと、久しぶりに自力で動くことができたのだ。病室の外は眩しく賑やかだった。動けるようになったので、悪性リンパ腫を摘出した患部に放射線を照射する治療を何日かに分けておこなった。

放射線治療をひとまず終えたところで、主治医が、「悪性リンパ腫の治療を続けることも大事だけど、あなたの場合、これからの生活を考えるとリハビリを優先した方が良いと思う。岡山県に設備が充実したリハビリセンターがあるので、紹介状を書くから移ってはどうか」と提案された。

こうして吉備高原医療リハビリテーションセンターに転院することになった。

気がつけば、世間は夏休みに入っていた。

車椅子の高さで生きる

二十九歳で多発性硬化症と診断され、以後の人生を車椅子に座ったきりでおくることになったアメリカのエッセイスト、ナンシー・メアーズ。彼女が書いた『車椅子の高さで』（晶文社）にこんなフレーズがある。

「人生半ばにしてすわって生きる」

「人生半ばにして障害をひきうける」

ほんの短い文章だが、これを読んだ時、わたしの心情や決意のようなものをうまく言い表していると思った。

今から九年ほど前の夏。これからの人生を車椅子に座ったままで生きることになったわたしは、可能な限り自立した生活を目指し、岡山県・吉備高原医療リハビリセンターに入院した。ここでは、わたしと同じように、脊髄損傷、頸椎損傷で車椅子生活を余儀無くされた人や脳血管障害で左右いずれかの半身が麻痺した人、つまり人生の途中で障害を引き受けた人たちがリハビリに取り組んでいた。年齢もさまざま、障害も度合いもいろいろ。頸椎損傷により自由に動かせるのは首から上だけで、電動車椅子にからだを縛りつけ、あごでアクセル、ブレーキ、ハンドルを操作する人もいた。この人から「僕から見たら、君の障害なんてかすり傷みたいなものだ」と言われたが、事実、わたしは胸から下の神経が麻痺しているだけで、彼に比べれば自由に操れるところがあまりにも多かった。そしてこのリハビリ生活の中で、上半身を駆使すれば、できないことよりもできることの方が圧倒的に多いことをあらためて知る。リハビリテーションセンターには、車椅子生活をおくる多くの仲間というか先輩がいて、医師や看護師だけでなく、彼らの実体験から聞く情報がとても参考になった。

重い病気や障害を持つ人が自暴自棄になってしまうとしたら、それは将来に対する不安が原因だと思う。わたしは、同じ境遇で生きる先輩のいろいろな話を聞き、これからの生活や自分自身が何をやっていけば良いのかがわかったことがラッキーだった。

もう一つ、将来に対する不安を取り除いてくれた大きな出来事があった。

ある日、作業療法室で日常生活の訓練をしているところに、啓文社の手塚弘三社長がご夫妻でお見舞いに来てくださった。

手塚社長は、訓練用マットの上に座るわたしのそばに来て、いつもの笑顔でこう言った。

「頑張って帰ってこいよ。本社の段差には全部スロープを付ける。改築して車椅子トイレも作る。今、設計士にプランを練ってもらっているので図面ができたらそれを見て意見を聞かせてくれ。あせらなくてもいい。みんな、君とまた仕事をできるのを楽しみに待っているから」

既に直属の上司からも「退院したら復帰しなさい」と言われていたが、実はこの温かい言葉に甘えて良いものか悩んでいた。書店員にとって立てない、商品が運べないことは致命的だ。会社に残っても使いものにならないばかりか迷惑をかけるだけかもしれない。自らが会社を辞めることが「わきまえ」ではないかとも考えて揺らいでいた。

社長の言葉を聞いて「ああ、自分には帰る場所がある」と実感した。同時に、「働ける」喜びをこれほど感じたことはなかった。

そして迷いは消えた。自分のやることはただ一つ。リハビリに専念し、一日も早く退院し、書店員の仕事に復帰することだけだ。理学療法士、作業療法士に、リハビリのスケジュールを確認する。ベッドから車椅子に移り乗ることにはじまり、（障害物を乗り越えたりするために車椅子の前輪を上げたままで維持したり前に進む）ウイリー、床から車椅子に乗る、車椅子から床に降りるなどがひと通りできるまで約二か月。着替えはもちろん、風呂やトイレも介助なしでやって、自動車を自分で運転する場合は、車椅子から運転席への移り、運転席に座ったままで車椅子を車内に載せたり、降ろしたりできなければならないから、それらを含めるとさらに二か月というところか。

わたしには待っていてくれる仲間がいるのだからのんびりしてはいられない。リハビリに要する一般的なスケジュールの半分の期間ですべてをクリアするからと宣言した。

医師や他の患者から聞いた話を忘れることのないように書きとめたり、各数値を記録したりするために日記を付けた。こんな感じだ。

1999年9月14日（火）入院42日目

6時30分

朝食前に同室のKさん、Mさんと病院敷地の外周1・3キロ。13分。隣の部屋のI君は起立性低血圧のため不参加。

10時〜11時　PT

①8キロ鉄アレイ　各20回×3セット

②床から車椅子に乗ったり、車椅子から床に降りたりする練習

うまくいかない。それぞれ自分に合ったやり方があるようだ。Nさんは膝を胸につけた姿勢からゆっくりとお尻をあげていく。Uさんはバランスをとりながら中腰の姿勢を保ち、そこから一気にお尻をあげて車椅子に乗る。

③ウイリー（前輪をあげ、後輪だけを使った走法）による段差越えの練習

このトレーニングはサーカスみたいでとても楽しい。
13時30分〜14時30分　OT
①重さ2キロのボール投げ&キャッチ　50回
②マット訓練台上で足を伸ばして座りズボンを履いたり脱いだりする練習
③輪移動2往復
④手をはなしてマット訓練台に腰掛けバランスをとる練習（3分間）
⑤輪移動1往復
15時
ケースワーカーTさんに車椅子購入の相談。明日17時に機能回復訓練室で業者と打ち合わせ。
17時30分
2階病棟のNさん、Kさんを誘って病院敷地の外周を2周。23分。
夕食後、『脊髄損傷　日常生活における自己管理のすすめ』（徳弘昭博／医学書院）の「日常生活上の注意点」と「社会福祉制度」の章を読む。
良いと言われたことは徹底的にやった。脊髄損傷は、膀胱炎や尿路感染症になりやすいので充分に水分を摂らなければならない。多めに摂った方が良いと聞けば、狂ったように水分を摂った。その時は尿量を測っていたので数値を見た看護師が驚いて、わけを話したら「物事には程度というものがある」とこっぴどく叱られた。

雨が降れば車椅子の先輩たちからいろいろな体験談を聞き、晴れた日には若い人といっしょに自主トレーニングしたり、タイムを競い合ったり。こうしてリハビリの全メニューを、大幅に日程を短縮し消化した。

ところが、リハビリを終えたにもかかわらず、退院することができなかった。ここ吉備高原は、夏は快適な避暑地だが、冬はイノシシといっしょに冬眠したくなるほど厳しい寒さと雪に被われるというのに。

わたしには帰る家がなかったからだ。

心の言葉とコミュニケーション

日本ホラー小説大賞、山本周五郎賞を受賞した『ぼっけえ、きょうてえ』（角川ホラー文庫）は、岡山県出身の岩井志麻子さんが、岡山を舞台にし、岡山弁だけで書いた怪談だ。タイトルの「ぼっけえ、きょうてえ」とは、「とても、怖い」という意味だが、「ぼっけえ、きょうてえ」は「とても、怖い」より、もっと怖く感じる。それはおそらく「ぼっけえ」という聞き慣れない語感が、聞き慣れないがゆえに強調の効果を一層増幅させるからだと思う。

吉備高原医療リハビリテーションセンターでは、働く人も患者さんも地元の人が多かったので当然のように岡山弁があちこちで聞こえる。「とても」を表す言葉を、「ぼっけえ」だけでなく「ぼっこ」や「でえれえ」と言う人もいた。聞いたことがない言葉であっても、隣の県の方言だから意味は理解できる。しかしながら、「ぼっこ」「でえれえ」の表す程度がどのくらいのものかよくわからない。「この先に、でえれえ急な坂があるんよ」と言われると、車椅子で登るのは無理なほど急な坂かと思ってしまうが実際に行ってみると想像したよりずっとなだらかな坂だったりする。やがて月日が経つにつれて、発する側とほぼ同じイメージで感じるようになる。要するに岡山弁がなじんできていた。

いくらなじんできたとはいえ、いつまでもここにいるわけにいかない。

やっぱり早く退院したい。一日も早く自分の家に帰りたい。すべてのリハビリメニューを終わろうとしているにもかかわらず、退院できない事情があった。帰れる家がなかったのだ。

わたしの家は、玄関まで石段があったし、家の中も、車椅子で生活するにはあまりに問題が多すぎた。風呂やトイレをはじめ改築するとしたら、柱だけを残してすべてを取り壊して作り直すくらいの覚悟が必要だった。いろいろ考えた挙句、今まで住んでいた家を売却して、別の場所に新たに土地を買って家を建てることにした。退院しても、定期的に病院で検査を受けることになるだろうから病院にはできるだけ近い方が良いし、復職したらバリアフリー改築を計画している本社か、車椅子用トイレがあるポートプラザ店勤務になるだろうと予想し、通勤が負担にならないところでと土地さがしを始めた。妻は仕事を続けながら、小学三年の娘の面倒を見ながら、フットワークがきかないわたしに代わって準備を進めてくれたが、設計にも時間がかかり、どう考えても完成は春になりそうだった。

わたしが入院している医療リハビリテーションセンターに隣接して、職業リハビリテーションセンターという施設があった。障害者の雇用促進を目的とした職業能力開発校だ。

ケースワーカーと相談して、家が完成し退院できるようになるまでの間、ここで勉強させてもらうことにした。機械製図科、電気・電子機器科、会計システム科など選択できるようになっており、わたしは情報処理クラスで、エクセルとアクセスの資格を取り、啓文社のサイトを立ち上げ、運営するために、ホームページの作成技術を学ぶことにした。

わたしのクラスは十数人ほどで、聴覚障害者とわたしのような脊髄損傷で車椅子の若者がいた。わたしともう一人を除けば二十歳前後ばかり。みんな寮生活をしており、わたしだけが隣の医療リハビリテーションセンターから通っていた。

情報処理クラスに入ると、一人ひとりにメール・アドレスをくれた。嬉しくて、さっそく啓文社の人たちに連絡した。

本社の大田垣営業本部長には、職業リハビリテーションセンターに入校する手続きにおいても随分、骨を折っていただいたが、毎日毎日、欠かさずメールを送ってきてくださった。今日、啓文社でどんなことが起きていて、何が問題になっていて、そしてどういうふうに考えているか等、くわしく書いてあり、おかげで浦島太郎にならずにすんだ。

職業リハビリテーションセンターでは、先生は手話をまじえて授業を進め、生徒も手話で質問していた。わたしは手話ができないから、聴覚に障害を持つ彼らとコミュニケーションを取るのが難しかった。休憩時間でも、手話を使うグループと他のグループに自然と分かれてしまう。携帯電話を驚異的なスピードで操り、まるで会話をかわすようにメールのやり取りをする彼らを、最初は遠巻きに眺めていた。

やがて、筆談でしかコミュニケーション方法を持たないわたしが友だちになろうと強引に割り込みを開始する。さすがにグループでいる時はみんな手話を使うので輪に入りにくいが、相手が一人の時は筆談で話し相手になってくれる場合が増えた。彼らとは、ひと回り以上離れていたが、世代ギャップをおもしろがって話してもらえるようになった。

聴覚障害の生徒たちは、髪を染めていてピアスなんかもしていて一見不良っぽいけど、実際は気さくな若者だった。そして読書好きな人が多かった。わたしが書店に勤めているのを知ると、「次の休日に本屋に行くので何かおもしろい本を教えて」と訊かれることも多く、その人の読書傾向に応じて、お薦めの本を紹介した。

ある日の休憩時間、一人で本を読んでいる少女を見つけた。彼女も生まれつき耳が聴こえない。何を読んでいるのかのぞいてみると、最相葉月さんの『絶対音感』（新潮文庫）という本だった。「おもしろい?」と紙に書いて見せると、笑って頷いた。「読んだら貸してくれる?」と書くと、もう一度頷いた。

わたしも学校で聴覚障害の仲間とビートルズの「レット・イット・ビー」を演奏したことがあるのよ。すごく難しくて大変だった。

本を返す時、彼女はそう教えてくれた。受け取った『絶対音感』のページをめくり、あるフレーズを見つけて何度も指でたどって見せた。そこにはジャズピアニスト、大西順子さんの言葉が、こう書かれていた。

心の言葉があれば、「コミュニケーションができる」。

プラスマイナスゼロ

洗濯と乾燥を終えた衣類やタオルを入れたポリバケツを膝に乗せ、落とさないようにエレベーターに乗り込む。明日は妻が来ることになっているのでまとめて洗濯を頼んでも良かったのだが、包み込むような柔らかい太陽の光に吸い寄せられるように病院の屋上へ上がりたくなったのだ。

車椅子患者用の低い物干し竿にトレーナーやジャージを並べて干していく。病院での暮らしに決して慣れないように、気持ちまで病人にならないように、パジャマなど着ない。それはわたしのささやかなポリシーの一つだった。

洗濯ものを干し終え、しばらく空を眺める。なにせ、日曜日は、理学療法室でのトレーニングも、職業リハビリテーションセンターでの講習も休みだから、時間がくさるほどあり余っている。検温の時間も当分あとだから、急いで病室に戻る必要もなかった。

東西南北、どちらを向いても山ばかり。それが吉備高原医療リハビリテーションセンターの屋上から見える景色だ。山の木々が風を受け、ごーごーと音を立てながら揺れている。絵の具のどの色を混ぜ合わせれば、この山の色が出せるだろう。そんなことを思いながらぼんやりと眺めていた。吉備高原の空は、高くて広い。尾根のあたりの空は白いのに、上にあがるほど青味を増してくる。首が痛くなるほど見上げた頭上の空が一番青い。何十年も生きてきて初めて気づいた発見だ。妻が来たら教えてあげよう。でもきっと、そんなことは知っているのだろうな。

妻は仕事が休みの日には必ず病院にやって来る。福山からバスに乗り、電車に乗り、もう一度バスに乗り、片道二時間半かけてやって来る。午前中には顔を見せるので随分早く出発しているのだろう。週末に来る時は、小学三年の娘もいっしょだ。娘は車椅子のわたしの膝に乗るのが大好きだ。膝の上で、あっちへ行け、こっちへ曲がれと指図する。

天気の良い日は、センターの外周に沿った遊歩道を三人で散歩する。わたしが朝夕トレーニング代わりにまわっているコースを、時間をかけてゆっくりとまわる。「ヘビに注意」という看板があちこちにある。病院の敷地にヘビが出没するというより、ヘビの棲む山に病院を建ててしまったのだからしょうがない。そりゃ、ヘビだって、イノシシだっていてもおかしくはない。同じ病棟の一番端の病室にいるHさんが「児玉さん、君はいい人だから教えてあげる」と言って、非常口の外側へ連れていってくれたことがある。食事の残りものを並べて隠れていると、タヌキの親子がやって来た。Hさんはタヌキの餌付けに成功していたのだ。タヌキの目が夜になると光るなんて知らなかった。「看護師さんには内緒だよ。叱られるから」イタズラ坊主のように笑った。

なだらかな坂が続く遊歩道を歩きながら、わたしと妻と娘はいろいろな話をする。

今日乗ったバスの運転手のハンドルテクニックは天才的で、細く曲がりくねった山道をいとも簡単に登ってきたという話に始まり、前回、病院に来てから今日までに、学校で起きたこと、近所で起きたこと、仕事で起きたこと、病院で起きたことなど、代わる代わる話をした。建築中の家も順調に進んでいるようだった。

「結婚して十年経つけど、こんなに長い時間、話をしたことはなかったね」妻が嬉しそうに呟く。毎日、朝早くから夜遅くまで仕事ばかりしていて、家には寝るために帰るという生活をおくってきた。何の疑いもなく、十年間もそんな生活を繰り返してきたのだ。喜んだといえば、病気を機にタバコを止めたら妻と娘に大層喜ばれた。今までタバコを吸い続けていたのは特に止める理由が見つからなかったからだが、病院では喫煙場所が決められていて、タバコを吸うためにわざわざ車椅子に乗り移り、喫煙コーナーに行くのも面倒なので止めたのだ。こんなに喜んでもらえるならもっと早く止めておけば良かったと後悔した。

確かに、両下肢麻痺により、立てなくなり、歩けなくなったが、そのおかげで今まで見えなかったものが見えるようになった。今まで感じなかったことを感じるようになった。それは病気をしなければ一生気づかなかったことかもしれない。だから、車椅子生活をおくるようになったことはプラスマイナスゼロだと思う。これは強がりでも負け惜しみでもない。

家族の他にもいろいろな人が見舞いに訪れる。

ある日も、佐藤店長と中重店長が二人で来てくれた。

「思ったより元気そうで安心したよ」「ありがとう。退院の目処もたってきたからね」

見舞いに来てくれた人は、なかなか立ち入ったことを訊けず遠慮する場合が多いので、意識的に訊かれる前からいろいろと話すようにしている。

「退院するまでに車椅子を買おうと思っている。これが高いんだ」

車椅子にはいろいろなタイプがあるので、値段にも幅があるが、わたしが購入しようとしている車椅子は専用のクッションと合わせて二十数万円もした。もちろん、身体障害者が車椅子を買ったりする場合、補助金が出るが、わたしは肝心の身体障害者手帳をまだ手に入れてなかった。怪我が原因で脊髄損傷になった場合はすぐに身体障害者手帳が発行されるが、広島県では、病気が原因による脊髄損傷の場合、発病して一年間経たないと身体障害者手帳が発行されないのだ。もちろん、それまで待つわけにいかないからすべて自己負担で購入するしか手段がない。車椅子に限らず、家を建てたり、車に付ける手動運転装置を買ったりするにも同様だった。わたしは外出用と室内用の二台を買うつもりだったから負担も大きかったので思わず愚痴ってしまった。

それから二週間経って、再び、佐藤店長と中重店長が現れた。

「はい、これ。みんなから」差し出された袋には二十五万円が入っていた。

あのあと会社に戻り、相談して、みんなでお金を出し合ったのだそうだ。

みんなには、一年もの間、迷惑をかけっぱなしなのに、その上、とんでもないものをもらってしまった。少し困惑したが、結局、ありがたく受け取った。

そして、今もわたしが乗っている愛車は、啓文社の全社員からもらった友情の証だ。

仕事に復帰して、みんなと会ったらどんな顔をしてお礼を言おうか。早く考えなければならない。その日が来るのはもうそんなに遠くないのだから。

再び内科病棟へ

二〇〇〇年三月。

念願の家がようやく完成。待ちに待った退院の日がやって来た。

入院費の支払いとお世話になった人たちへの挨拶をすませ、クルマに荷物を積み込む。長い入院生活で知らず知らずのうちに荷物が増えた。お見舞いに本を持ってきてくれた人が多かったので、それを載せるとまるで移動図書館みたいになった。

クルマは一か月前に購入した。運転席の左側に手動運転装置が付いている。左手でレバーを握り、手前に引くとアクセル、押すとブレーキ。右手でハンドルを操作する。時間を見つけては練習を繰り返してきたので運転は問題ない。迎えに来てくれた家族を乗せて百キロの道のりを駆けた。快適だぜ。

さあ、いよいよ職場復帰だ。不安はない。この日をずっと心待ちにしていたのだ。この春、小学四年になる娘は、引っ越したので転校することになった。新しい環境に早く慣れてほしい。君なら大丈夫だ。

そして妻は仕事を辞めた。妻は結婚する前も結婚してからもずっと啓文社で働いていた。書店員という仕事にめぐり合えたことが最高の幸せと口ぐせのように言い、いつも仕事を楽しんでいた。さらに言うと妻はわたしよりもはるかに有能な書店員だった。その日に売れたスリップを家に持ち帰り、テーブルの上に並べてノートに記録する。明日一番に追加発注する商品をチェックする。娘はいつも妻の横で記録し終えて不要になったスリップを集め、母親のしぐさを真似るように並べて遊んでいた。小学校にあがる前から瀬戸内寂聴が読めた。父親の名前さえ漢字で読めないというのに。

いくらバリアフリー住宅に住んでいても、両下肢麻痺のわたしにとって日常生活で介助やフォローが必要になることがいくつかある。定期的に病院に行き検査を受けなければならない。だから、わたしが不自由なく生活できるようにと、妻は自ら仕事を辞めることを選んだのだ。つまり、わたしの生活は家族の犠牲のもとに成り立っている。

かくしてわたしたち家族は新しい生活に向け、それぞれのスタートを切った。以前に比べると疲れやすいが、久しぶりの職場で次第にペースを取り戻していた。

そんな四月のある朝。背中の痛みで目が覚めた。会社に休みをもらい、妻と病院に行った。MRI検査の結果、悪性リンパ腫の再発が認められた。なんてこった。また病院生活に逆戻りだなんて。

四月末まで二十回にわたる放射線照射治療をおこなった後、正式に入院し、抗がん剤治療を受けることになった。

内科病棟の六人部屋。この病院を退院して一年も経過していない。看護師も皆、顔見知りだ。病院の常連客になってどうする。まったく。

ひと口に抗がん剤治療といってもいろいろな種類がある。わたしが受ける治療はC.H.O.P療法というもの。四種類のクスリの頭文字をつなげて、C.H.O.P療法。予想される副作用は食欲不振、嘔吐など。これらの自覚症状とは別に血液の副作用もあるそうだ。そのため、週に二、三回は採血をする。この抗がん剤治療は、三〜四週の間隔で注射と内服を繰り返していく。予定されている入院期間は二〜三か月。主治医が言う。「副作用はおそらく大したことはないです。でも髪の毛は全部抜けるからね」

同室の人たちとはすぐに仲良くなった。

いつも明るいHさんはスキンヘッド。「抗がん剤の副作用ですか」と尋ねると、そのとおりだった。Hさんも悪性リンパ腫で三度目の発病。髪が抜けはじめると全部抜け落ちるまでがとても鬱陶しいので入院する前から丸坊主にしたのだそうだ。気温が上がってきて病室は次第に暑苦しくなっていたので、涼しそうでむしろ羨ましい。

「ああ、暑い、暑い」

今日は男性患者の入浴の日。風呂上がりのNさんがランニングシャツ姿で部屋に帰ってきた。肩から入れ墨がのぞいている。何かの花だと思うがじっと見つめるわけにいかないから、何の花かわからない。

「若気の至りよ」肩に咲く花を撫でながら豪快に笑う。こちらもつられて笑うが、腹から笑えず、どうにもだらしない。

「Nさん、廊下はランニングシャツで歩いちゃいけないって、言ったでしょ」

看護師のMさんに叱られても、Nさんは気にしない。

Nさんが点滴をする時間がやって来た。今日の担当看護師は、この病棟で最も注射が下手なMさんだ。わたしも採血の日は担当がMさんでないことを祈っている。今日の被害者はNさんだった。

ブスリ。あれ。ブスリ。おかしいなあ。ブスリ。何度も失敗するのでNさんも我慢しきれずに口走る。「注射ならわしの方がうまいで」

これもまた笑えない。

ちなみにNさんもスキンヘッド。抗がん剤は打っていない。わたしももうすぐスキンヘッド・チームに仲間入りすることになる。あんなに人相が悪くなるのだろうか。

スキンヘッドの仲間入り

点滴による抗がん剤投与が始まった。

朝八時四十五分より一本目の点滴。これが二十五分間かかった。終わるとすぐに二本目。およそ二時間かかった。続いて三本目はちょうど一時間。すぐさま四本目でまた二時間。すべての点滴が終わった時には午後二時を少しまわっていた。

この他に飲み薬がある。痛み止め薬と胃薬を毎食後。吐き気を防ぐ薬ともう一種類の胃薬を朝、夕二回。

薬の多さにうんざりする。「どうして胃が悪いわけでもないのに、胃薬まで飲まなければならないのか」と訊くと、薬を飲むと胃が悪くなるからと説明してくれた。薬というのはからだを治すためにあると思っていたが、からだを壊すものでもあることを初めて知った。抗がん剤はその代表選手みたいなものだ。だって抗がん剤を投与している患者は、皆、日に日に弱っていく。

入院生活でわかったことだが、看護師はとても大変な職業である。とにかく忙しいし、やたら力仕事が多い。動けない患者をベッドからストレッチャーに移し、風呂に入れるのも看護師の仕事。患者が上から下から出したものを処理するのも看護師の仕事。「食事がまずい。どうにかしろ」、「トイレに幽霊が出るからついてきてほしい」、「あんた、死んだ女房に瓜二つじゃ。結婚してくれ」など、わがまま患者の相手をするのも看護師の仕事。少ない人数で秒刻みのスケジュールをこなし、ストレスの元凶であるはずの患者を天使のような笑顔で励ましてくれるのだ。その働きぶりを見るたび、どうして、こんなに大変なのに看護師になったのだろう、と、いつも感心していた。この世に星の数ほど職業があるというのに、その中からよりによって看護師という仕事を選んだというだけで尊敬に値する。もちろん、看護師も人間だからおっちょこちょいの人、忘れっぽい人、怒りっぽい人、いろいろいるが、それでも看護師という職業を選んだというだけですべて許したくなる。

患者というのは長く入院生活をおくっていると性格が歪んでくるものである。かといって、主治医には嫌われたくないから看護師にだけむちゃを言うのである。

だいたい枕もとにあるナースコールと呼ばれるボタンがいけない。これを押すと看護師が飛んできてくれるのだが、無闇やたらに押しまくる患者がいる。「隣の患者がうるさいから眠れない」といっては押し、「明日の朝、どのクスリを飲めばいいのか忘れた」といっては押し、「あんた、死んだ女房に瓜二つじゃ。結婚してくれ」といっては押す。

わたしは幸いにも抗がん剤治療の副作用で苦しむこともあまりなく、感染症で悩むこともなかったが、いよいよ髪の毛が抜けはじめた。

朝、起きると枕の上に髪の毛が散乱している。気がつくと、ベッドの下にも髪の毛がたくさん落ちていて気持ち悪い。掃除しても掃除しても髪の毛はどんどん落ちるのできりがない。髪をかきあげると、指と指の間に大量の髪の毛が挟まって抜けた。

トイレに行くため廊下を車椅子で走っていると、わたしが通ったあとには、抜けた毛が道をつくっていた。まるで、ヘンゼルとグレーテルが森で落としたパンのかけらのようだ。

こんなにたくさん髪の毛が抜けているのに不思議なもので頭にはまだ髪の毛が残っている。このままでは皆に迷惑をかけるだけなので、病院内の理容院で丸坊主にしてもらうことにした。ところが今度は抜けた髪が短く細かいため掃除も難しく、服の中に入って痒くてしかたなかった。

早く全部抜けてしまえという祈りがかなったわけではないが、晴れてつるつるのピカピカのスキンヘッドになった。自分で言うのも何だが、なかなか似合っている。高尚なお坊さんに見える。やはり、品の良さが顔に出てしまうのだよなあ。悦に入っていたら今度は眉毛が抜けてきて、そのおかげで人相が変わってしまい、やっぱりその筋の人みたいになった。

この顔に世間ではどんなリアクションをするのか気になって、病院内を徘徊してみる。逃げ出したり、泣き出したりする子どももおらず安心する。

面会室の一角に、同室の患者さんを見かけ、声をかけようとしてやめた。死んだはずの女房に切ってもらった桃を仲良く食べていた。

外の世界は危険がいっぱい

昼のお星は眼にみえぬ。
見えぬけれどもあるんだよ、
見えぬものでもあるんだよ。

入院して六冊目に読んだ『金子みすゞ童謡集』（ハルキ文庫）にこんなフレーズを見つけた。わたしのからだの中にも悪性の腫瘍があるんだよ。見えないけれど、感じないけれど確かにあるんだよ。本を閉じて思わずため息をつく。

悪性リンパ腫の再発は、手術で腫瘍を摘出してから一年も経たないうちに起きたもので、リハビリセンターを退院して一か月も過ぎていなかった。

再発が認められた四月初旬から四月末まで二十回の放射線照射治療をおこなった後、連休明けに入院し、抗がん剤治療をスタート。六月中旬に退院してからも、通院しながら抗がん剤治療を九月まで続けた。

悪性リンパ腫というのは、白血球の中のリンパ球がガン化した悪性腫瘍で、からだのあらゆるところに再発、転移しやすい病気と言われている。そして、わたしはのちにそのことを嫌というほど思い知らされることになる。

治療を終え、十月にようやく仕事に復帰した。「おめでとう。治って良かったね」あちこちで祝福の言葉を浴びる。

確かに復帰はしたけど、本当に治ったといっていいのだろうか。いつまた再発するかわからない病気に「治る」という表現は当て嵌まるのだろうか。

動かない足は諦めるから、せめて悪性リンパ腫は再発するな。お願いだから。

さて、仕事に復帰し、休日を利用してあちこちに出かけるようになると行動範囲が拡がるので必然的にいろんなことが起きる。

車椅子のわたしにとって外の世界は危険がいっぱい。ちょっとした段差や溝で何度転倒したことか。おかげで受身だけは上手くなった。

といってもひと昔に比べれば、いたる所でバリアフリーが整備されていて、生活しやすくなっていると思う。郊外のショッピングセンターでは、身障者用の駐車スペースやトイレがいくつも用意されているし、電車に乗ろうとすれば、改札口からホームまで駅員さんが車椅子を押してくれて、スロープを付けて車両に乗せてくれる。降りる駅に連絡を入れておいてくれるので、駅に着くと、スロープを用意した駅員さんが待ち受けていて、ホームに降りる手伝いをしてくれ、改札口まで案内してくれるのだ。

車椅子の生活にはすっかり慣れた。最初の頃こそ、会社のみんなも何を手伝って、どこまで放っておけば良いのか戸惑っていたし、わたし自身、何をどう頼んで良いのかはっきりしなかったが、「こんな時はこうして」、「こういう場合は自分でできるから」といったやり取りを繰り返すことによって、お互いに呼吸がつかめてきた。今では以心伝心、なに不自由なく快適に過ごしている。

会社を出るとさすがに不自由を感じることもある。

ある日、身障者用駐車スペースにクルマを停め、買い物を終え、戻ってくると、強引に横のスペースにクルマが停まっている。車椅子が通れる幅がなくなっておりクルマに乗れない。しかたがなく館内呼び出し放送をしてもらう。一時間近く待って、持ち主家族が登場。お互いに気まずい思いをしてしまう。

電車に乗り、目的の駅に着いてみるといるはずの駅員さんがいないことがあった。あわててまわりのお客さんに声をかけ、手伝ってもらって危機一髪降りる。駅員さんは車両を聞き間違えたらしく、別の場所でわたしを探していた。

それでも車椅子の人が外出しやすくなったのは事実だ。予期せぬ事態が起きることも多く、スリルとサスペンスに満ちているが、車椅子の人はどんどん外に出ていった方がいい。わたしの会社の仲間は、わたしと接することで、何ができて、どんなことが困るのかを知り、わたしはわたしで、どのように声をかけ、手助けをしてもらえば良いかを学んだ。お互いが理解し合うことでもっと住みやすい世の中になるはずだ。失敗の数だけいいことが待っているに違いない。

将来にどんないいことが待っているのかわからない。昼のお星と同じだ。
見えぬけれどもあるんだよ、
見えぬものでもあるんだよ。

再発は忘れた頃にやって来る

天災は忘れた頃にやって来る。そう、天災とガンの再発は油断した頃にやって来るのだ。

ガンに再発は付き物だから、治療が終わっても定期的に検査を受け続ける必要がある。再発も早く見つけることができれば早く治療ができるからだ。わたしの場合、月一回のペースでCT検査、MRI検査、ガリウムシンチ、血液検査を交互におこなった。検査結果が出る頃に予約を入れておいて、受診日に主治医から結果を聞く。

「先日おこなった検査では特に異常が見当たりませんでした」

毎度のことながら主治医のこの言葉を聞き、ほっと胸を撫で下ろす。ああ、これであと一か月間、平穏な生活をおくることができる。

二〇〇三年三月。前の週までの肌寒さが嘘のようなポカポカ陽気の日、例によって検査結果を聞きに病院に行く。この日も「異常なし」の言葉を聞いて帰るつもりだった。毎月、まるで死刑宣告を受けるかのような気持ちで結果を聞きに行っていたが、このところ体調も良く、きっと大丈夫だろうと高を括っていたのだ。まさに油断していたとでもいおうか。

主治医はＣＴ検査の画像をかざし、腹部の再発を告げた。

思い返してみると発病は一回目も二回目も春だった。陽気が良くなると草木のようにガンも芽を出すのだろうか。かくして入院となった。

入院してもすぐに治療を始めるわけではない。まずはいろいろな検査をして治療方針が決まる。

「ご主人の病室に行く前に寄ってもらえませんか。話がしたい」

娘の中学校入学式の日。妻は主治医から呼び出しを受けた。腹部の腫瘍は一か所ではなく三か所だった。さらには頭部、胸部、鼠蹊《そけい》部にも転移していることがわかった。

今までの抗がん剤治療では効果が見られない。このままでは悪くなるだけだ。リスクは伴うが、最終手段として強力な治療方法をしたらどうかと思っている。その治療をおこなっても治らないかもしれないし、第一、治療ができるかどうかもわからない。

妻は医師の「最終手段として」の言葉の意味を確認した。

「その治療でだめならもう治らないということなんですか」

まあ、そうだ。医師はそんな表情をし、机を見つめた。

妻の頬を涙がこぼれる。

初めて悪性リンパ腫と告げられた時も、一生、車椅子生活をおくることがわかった時も、決して人前で泣くことのなかった妻が、初めて医師を前にして涙を見せた。

わたしだけが病気と闘ってきたのではない。妻もまた、一人で闘ってきたのだ。

視線を上げて医師が問う。「このことは本人に伝えますか」

「はい。全部話してください。本人もそれを望むと思いますから」

翌日、わたしはその話を聞いた。どうしても専門用語がまじるので正確に理解できたか自信がないが、こんな感じの話だった。

抗がん剤というのは強力であれば強力であるほど効果がある。量を増やせば増やすほど効果がある。しかし厄介なことに悪い細胞だけをやっつけるのではなく、良い細胞もやっつけてしまう。副作用が強い。強烈なダメージを与えるので、高齢者や内臓が弱い人では身体がもたない。

幸い、わたしには、この治療方法が可能かもしれない。というか、普通の抗がん剤治療では治る見込みがない。実際にやってみて耐えられないようなら中止せざるを得ないが、イチかバチかやってみるしか方法がない。

副作用で血液を作り出す力がなくなってしまうと死んでしまう。そこであらかじめ採っておいた自分の末梢血の造幹細胞を移植し、抗がん剤投与後、造血の回復を促す。

移植後はしばらくの間、白血球と血小板がとても少ない時期が続く。この間には、感染症や出血の危険性があり、同時にさまざまな内臓の障害が起こる可能性もある。そのため治療の際にはクリーンルーム（無菌室）に入らなければならない。

末梢血幹細胞移植やクリーンルームといった設備がこの病院にはなく、施設の整った病院に転院しなければならないとも言われた。

「やってみますか」

選択肢はないのである。「わかりました」と医師に告げた。

無菌室の読書

高校を卒業するまで本などほとんど読まない人間だった。大学に入ると自由になる時間が一遍に増え、暇つぶしに本でも読もうと思ったのだ。単なる暇つぶしがいつしか時間を惜しみ貪るように本を読むようになった。下宿していたアパートから大学行きのバス停に行く途中、小さな書店の前を通る。ここでいつも文庫を買った。芥川賞、直木賞の受賞作を順に読み、気に入った作品に出会うと、同じ作家の別の作品を読む。司馬遼太郎、五木寛之に出会い、夢中になったのもこの頃というわけだ。

お気に入り作家の作品は片っ端から読みたくなる。

二〇〇三年の春に入れ込んでいたのは重松清。重松作品は、中年小説が多く、つまりは自分と同じ年代の人間が主人公だ。人の弱さを描きながらも、明日への希望を抱かせる。

田植えがすんだばかりの稲が風に吹かれてひらひら揺れてなんとも頼りなさそうな五月の終わり。抗がん剤による化学療法を中心とした治療と末梢血幹細胞移植をおこなうため、隣県の病院に転院した。文春文庫の新刊『カカシの夏休み』（重松清）を荷物の中に忍ばせた。

この病院は丘の上にあり、水田地帯の中にぽつりぽつりと民家が点在する景色を一望できた。天気が良い日は遥かに淡水湖が見える。もうすぐ無菌室に入るので当分の間、見られなくなる眺めだ。

無菌室に入るまでに揃えておくようにとリストを渡される。下着十五枚、タオル小十枚、中十五枚、バスタオル三枚、パジャマ十着、極細毛の歯ブラシ、うがい用コップ、割り箸、曲がるストロー、紙コップ、飲料（缶、ペットボトル、パック）、吸い飲み、マスク、ナイロン袋、サランラップ、スリッパ（新品）、ティッシュペーパー。買い集めたのは妻だが、店の人に民宿でも開くのかと思われたに違いない。

大量化学療法後は、造血機能が回復するまで感染症、出血の危険性が高い。免疫不全の状態になるので、雑菌から隔離するために無菌室に入るのだ。衣類などは洗濯した後にも消毒をする。このため手元に戻ってくるまで時間がかかり、たくさんの数が必要となるのだ。缶やペットボトルは、直接、口をつけず、ストローで飲む。箸、ストロー、紙コップなどは、その都度新しいものと取り替える。

無菌室の入室も制限がある。医師や看護師も決められた人が限られた回数しか入室できない。面会が許されているのは家族だけ。入室する際は、ナースステーションで手洗いし、エプロンとマスクをし、スリッパを履き替え、消毒してから入る。

出血すると止まらなくなるから歯ブラシは極細毛のもの。歯を磨く際、充分注意するように指導を受けた。

両下肢麻痺の患者がこの治療を受けるのは稀なケースなので、医師、看護師による説明や注意も慎重な口調だ。両下肢麻痺は、足などが動かせないだけでなく、何かの刺激を受け、勝手に反応する筋肉の動きを抑えられない。痙攣のようなものだが、意思と関係なく、足が曲がったり、伸びたりすることがあり、その際、ぶつけて怪我をすることがある。

「治療の致死率は五パーセント。だけど、あなたの場合は十パーセントかも」

と言われたのは、おそらくそういったせいだ。

二、三週間、ほとんど人と話すことなく、透明のビニールカーテンに囲まれたベッドで暮らすことにストレスを感じる患者もいると聞いていたが、それはまるでなかった。一人静かな場所で静かに過ごす。これは読書には最適な環境だったからだ。

実は、「WEB本の雑誌」というサイトで、新刊採点員（文庫班）に応募したので、今年に入ってからは、毎月の文庫新刊十作品を読んで、それぞれ五百字程度の感想を書いていた。入退院を繰り返すなかで、仕事以外でもいろんなことに挑戦したいと思い応募したのだが、まさかまた入院することになるとは思ってもみなかった。新刊採点員としての任期は一年。入院し、無菌室に入ったからといって、穴を開けるわけにいかない。ビニールカーテンの中で課題図書を読み、ノートパソコンで感想をまとめ、メールで原稿を送った。

最初は、本も消毒した方が良いと言われていた。本を消毒すると、ふやけてしまい、厚さが倍に膨らむ。わたしが読む本は新刊に限られていて、ごく少数の人しか触っていないまま手元に来るから消毒するほどのことはないはずと説明し、ふやけ本は何とか免れた。

暇つぶしとして始めた「読書」は、無菌室に閉じ込められた退屈な時間からも救い出してくれた。本を読んでいれば、宇宙の果てだって、大昔にだって行くことができるのだ。

ところが、治療が進むにつれ、読書どころではなくなってきた。

入院中の日記から

入院中の日記より。

8月××日

入院124日目。無菌室へ入り、強力化学療法（抗がん剤治療）が始まって2日目。

6：00　起床。体温、血圧、脈拍の測定。

7：30　ベッドから車椅子に移り、消毒液で手を洗い、粉をつけずに歯磨きの後、イソジンガーグルでうがい。

7：40　朝食。食後に感染予防、吐き気止めなど3種類の薬を飲む。

7：55　粉をつけて歯磨きの後、イソジンガーグルでうがい。さらにアロプリノール溶液でうがい。

8：00　車椅子からベッドに移り、消毒液で手を洗い、メールチェック。

9：30　デカドロン点滴（10時まで）。
9：55　体温、血圧、脈拍の測定。
10：00　エトポシド点滴（14時まで）。主治医の問診。
10：10　肺炎予防のための噴霧吸入（10分）。
11：30　ベッドから車椅子に移り、イソジンガーグルでうがい。
11：45　昼食。吐き気止めの薬1種類を飲む。
12：00　歯磨きの後、イソジンガーグルでうがい。さらにアロプリノール溶液でうがい。
12：30　車椅子からベッドに移り、体拭きと着替え。
13：00　担当医の問診。
13：55　体温、血圧、脈拍の測定。
14：00　エンドキサン点滴（17時まで）。
17：30　ベッドから車椅子に移り、消毒液で手洗い、イソジンガーグルでうがい。
17：45　晩食。食後に感染予防、吐き気止めなど3種類の薬を飲む。
18：00　粉をつけて歯磨きの後、イソジンガーグルでうがい。さらにアロプリノール溶液でうがい。
18：20　車椅子からベッドに移り、消毒液で手を洗い、メールチェック。返信。

19：00　体温、血圧、脈拍の測定。
20：55　体温、血圧、脈拍の測定。
21：00　エトポシド点滴（1時まで）。
21：00　消灯。

暇つぶしで書いていた日記だが、感染予防のため、消毒やうがいばかりしていたことがよくわかる。読み進めると、だんだんと体調が悪くなっていく様子も伺える。そして、結局、感染もしている。

8月××日
担当医によると、そろそろ白血球が下がる頃とのこと。今日は朝から胸やけがして、夕方には少し吐き気がしたので、晩食は食べなかった。
8月××日
末梢血幹細胞移殖をおこなってから、上半身を起こすこともつらくなり、パソコンも開けず、まさに寝たきり状態。胸の下から背中にかけて帯状疱疹（ヘルペス）にかかった。本当はすごく痛いらしいが、神経が麻痺している部分なので何ともない。肺に雑菌かカビが入り込んだことが原因で朝から高熱が続いている。
9月××日
毎日、朝、昼、夜と熱が上がりっぱなし。解熱剤で一時的に下げているが、時間が経てばまた上がる。熱の原因は、おそらくウイルス感染症。しかし、何のウイルスなのかがはっきりしない。現状では、いろいろな抗生剤を試し、何日か続けて効果が見られないようだったら別の抗生剤に変えるということを続けている。

あんなにつらい思いをしたのに、意外に忘れていることが多い。大した苦痛もなく治療を乗り越えたと記憶違いをしていたが、日記を読み返し、思い出すと、結構、大変だったのだ。思い出しただけでも気分が悪くなる。虫や鳥の鳴き声、雨の音でさえ、癇に障ってしかたなかった。
妻は入院して以来、二日に一度、無菌室に入ってからは、毎日、病院に通ってくれていた。バスで福山駅まで出て電車に乗り、岡山駅で乗り換えて早島駅に着く。そこからまたバスに乗り、ようやく病院に辿り着くが、バスの時間が合わない時は、丘の上の病院まで歩く。夏の日に、たくさんの着替えやタオルが入った袋を持ち、坂を登るのだから、さぞかし大変だったに違いない。

わたしが、体調が悪く、気分のすぐれない時は、妻が来てもろくに話をしないこともあった。布団を深く被り、背を向けたまま、眠るでもなく目を閉じていた。やがて妻は、中学に入った娘の暮らしぶりを話しはじめるが、「しんどいから静かにして」と不機嫌そうに呟く。

こうなると妻はわたしの調子が回復するまで黙って待ち続けるしかなく、結局、一度も言葉をかわすこともなく、顔を合わせることもなく、帰る時間がやって来る。持ってきた着替えとタオルをケースに片づけ、代わりに今度は汚れた洗濯ものを空っぽになった大きな袋に詰め込み、「じゃあ、また明日」と無菌室を出る。

長い入院生活にはこんなこともあったが、この時、彼女は薄暗くなった帰り道で、電車やバスの中で何を思っていただろうか。

さらば、消毒とうがいの日々

末梢血幹細胞移植を伴う強力化学療法を終えて一か月が経ち、無菌室を卒業し、あの面倒な消毒とうがいの日々ともオサラバして普通の病室に移った。ＣＴ検査、ＭＲＩ検査をおこない、その結果について主治医から説明を受けた。

まず、ＣＴ検査。腎臓の近くにある大動脈の横にあった腫瘍は、初めは直径五センチほどあったのだが、今回の検査では、約一〜一・五センチになっていた。この度のような治療をおこなうことで腫瘍が完全に消滅してしまう場合もあるが、残存する場合もあるそうだ。残存した腫瘍に病変があるかないかは、通常、大きさで判断するしかなく、現在、医学界では、直径一〜一・五センチ以下なら病変のない残存として判断していると聞いた。よって、この腫瘍の跡も、病変ではないと判断された。

ＭＲＩ検査の結果では、腰椎のあたりに三か所リンパ腫が確認された。これについては、自宅近くの病院に通いながら放射線治療をおこなうことになった。

入院の日に見た、弱々しかった稲は、やがて、たくましく伸び、黄金色へと変わり、立派な実をつけた。退院の日、病院が建つ丘から、すっかり刈り取られた田んぼを眺めながら、もう二度とこの景色を見下ろすことはないのだと言い聞かせた。

誤解を恐れず言えば、闘病記のハッピーエンドは主人公が死ぬことによって訪れる。残された家族は、確かに悲しみに打ちひしがれるが、同時に、平穏な生活を取り戻すことができるからだ。わたしの場合は幸運にも死ではなく、「治る」ということでエンディングを迎えた。いや、実はエンディングを迎えたのではなくて、次の章が待ち受けているのかもしれないのだが、とにかく、わたしは闘病生活にピリオドを打ったのだ。

両下肢麻痺という障害とは一生付き合っていかなければならないが、これは前にも書いたように、他の障害と比べれば、かすり傷みたいなものである。立てない、歩けない以外は何でもできる。車椅子さえあれば、地下鉄だって飛行機にだって乗れる。おそらく経験してみなければわからないと思うが、不自由さも、一年経てば慣れてしまった。視力の弱い人がメガネやコンタクトなしでは小さな字を読めないといって、不自由さを感じることはあっても毎日嘆きながら暮らしたりはしない。高いところに手が届かなければ、台を持ってきたり、背の高い人を呼んでくれば良いだけのことで、自分の身長の低さに絶望したりはしない。自分一人でできないことは手助けを頼めば良いのであって、その代わりに自分のできる範囲で人の役に立てば良いだけだ。わたしの障害もきっとその程度のものだ。

退院してから、三グレイ十回の放射線治療を受け、自宅で休養した後、二〇〇三年十一月、仕事に復帰した。

以前にわたしがしていた仕事は、中重店長が本部長として本社勤務となり、代わって務めていた。上司からは、「無理をせずにゆっくりペースをつかめ」と言われ、復帰直後のわたしはこれといって仕事を与えられるでもなかった。「今まで長い間休んだのだから、最初からエンジン全開で行きます」と伝えたが、「おまえがいなくなって大変だったんだ。こんな思いは二度としたくない。お願いだから無理をするな」と言われれば、返す言葉はなかった。

しかたがないので、自分で仕事を見つけていくことにした。勝手に見つけてやっていたら、既成事実として、それが自分の仕事になっていった。

復帰して一年経った頃には、チェーン本部としての出版社との仕入れ窓口を任されるようになっていた。

四年間に、三度発病し、合計十か所の悪性リンパ腫が見つかったわたしが、あのイチかバチかの大治療の後、まったく発病していない。もちろん、毎月、定期的に検査を続けているが、異常なしの日が今まで続いている。

案外、奇跡はそこらへんに転がっている。

復帰、そして東京出張

車椅子生活をおくるためのリハビリと悪性リンパ腫の治療を終え、仕事に復帰して間もない頃の話だ。

東京出張に行くことになった。

病院を出て日常生活に慣れてきたとはいえ、自宅や会社と違って街の中は危険がいっぱいだ。初心者マークが似合いそうな車椅子ドライバーのわたしが街に繰り出すには相当な覚悟が必要だった。それでも出張先で久しぶりに再会するはずの出版業界、書店業界の皆さんの顔を思い浮かべると断るなんてとんでもなかった。気がつけば新幹線に飛び乗っていた（実際にはＪＲの係りの人に後ろを支えてもらいながら、ヨイショと乗った）。

会合では、予想どおり、そして予想もしなかった懐かしい顔に思わず何度も大きな声をあげた。皆さんと挨拶をかわすだけで興奮した。

「よく頑張ったな」、「また一緒に仕事ができるね」と次々にかけてくださる言葉が嬉しい。

ある書店チェーンの社長が、わたしを見つけて声をかけてくださった。

「復帰おめでとう」

「ありがとうございます。クビにならずにまた働けることになりました」

「そうだね。わたしも経営者だからよくわかるけれど、手塚社長のような人はなかなかいない。感謝することを忘れてはいけないよ」

「もちろん、わかっています」

いっしょにリハビリを頑張った仲間たちが退院するわたしを見送ってくれた時に見せた何とも複雑な表情を忘れはしない。障害者にとって退院は必ずしもめでたいことではないことを知っているからだ。社会に出ればさらに厳しい新たな戦いが待っている。特に、両下肢麻痺の障害者が以前の仕事に復帰することは奇跡に等しかった。

「退院したらどうするの」と訊かれ、「今までいた会社に戻るんだよ」と答えると、どんな魔法を使ったんだという顔をする。また別の人たちは、「帰ってこいと言いながら、帰ったらやっぱり無理だったねって言われるんだよね。去年退院した○○さんもそうだった」と話していた。

入院したばかりの頃は、多くの人が見舞いに来てくれ、温かい言葉をかけてくれたが、退院すると、やがて職場から見放され、親戚や友人も足が遠のき、気がついたらひとりぼっちになっていた、なんて話は、わたしも耳にタコができるくらい聞いていた。

あの日、リハビリ仲間は羨望と不安が入り混じった表情で手を振って見送ってくれた。

「君は君にしかできない方法で手塚社長に恩返しすれば良いのだよ」

某書店チェーンの社長は続けた。

「要するに、君は啓文社の広告塔になれば良いんだ。障害者の君が表立って働くことで啓文社のイメージアップにつながるから」

無事、出張を終え、手塚社長に報告に行った際、あの時、アドバイスされたことを話してみた。手塚社長は「ふーん」と窓の外を眺め、再び、わたしの顔を見てこう言った。

「わかっていると思うが、おまえを広告塔にしてまで会社のイメージを上げたいと思うほど、わしは落ちぶれておらんからな。会社に必要な社員のために働きやすいよう環境を整えるなんて、経営者としては当たり前のことをしているだけだ」

そして、「わしはおまえに障害があろうと特別扱いはせんよ。バンバン仕事をやってもらうから」と肩を叩き、「でも手助けが必要な時は遠慮なく言えよ」と付け加えた。

社長の大きな手で叩かれた肩は少し痛かったが、わたしはこの人のもとで働いてきて良かったと思った。

生意気なことを言うようだが、会社の役に立てると思ったから戻ってきた。歩けないくらいで他の人には負けないと思ったから戻ってきたのである。だから手塚社長の言葉がありがたかったし、胸に沁みた。

職場に戻った直後は、いったい何ができて何が困るか、わたし自身もまわりの人も手探りだった。特に、同僚は、いつどんな時にどんなふうに手を貸せば良いのか、判断が難しいようだった。

入院していた頃、健常者からよく相談された。

「障害者には、手を貸そうとすれば怒る人もいるし、手を貸さないと怒り出す人もいる。どうすれば喜んでもらえるのかわからない」

障害者といっても、障害の状態や度合いは人それぞれで、健常者と同じく考え方、感じ方は一人ひとり違うので、こうするのが良いという答えがない。結局のところ、黙っていてもわからないので、「何か手伝おうか」、「ちょっと手を貸して」とお互いが声に出すしかないというのがわたしの結論で、いつもそう説明してきた。

それは会社に復帰してからも同じ。車椅子から自動車の運転席に乗り移り、車椅子を折りたたみ、後部座席に入れる時、わたしは「手伝いはいらない」と言う。自分でした方が早いし、人に車椅子を載せてもらうと降ろす時にかえって難しかったりするのだ。ドアを開けてほしい時や上り坂で押してほしい時は、近くにいる人に声をかけてお願いする。そして、「ありがとる。

う」とお礼を言う。

本社の会議室は二階にあるので、階段は、車椅子に座ったままで担いで上がってもらってい

車椅子を持ち上げるのはいつも四人。三人以下では重すぎる。五人以上では階段が狭すぎる。まわりに人がたくさんいる時は、若くて力がありそうな順にわたしが四人を指名する。けれどもいつも人がいるとは限らない。おーい、誰でも良いから手を貸してくださーい。

「おい、そこの腰痛持ち。目をそらしても無駄だ。手伝いなさい」

「手伝ってほしかったら、いい加減、ダイエットしてくれーーー」

こういった冗談も言い合えるようになった（冗談じゃないか）。

こうして、いつの日かわたしが胸を張って自慢できることが増えてきた。

啓文社の売場に車椅子が通れない通路はない。

啓文社のスタッフは、車椅子を押すのが上手い。困っている人に躊躇なく声をかけられる人

が多い。

そして仕事においては、誰も手加減はしない。

尾道篇

祭りは明日への活力だ

ある出版社の人から、語学や、(宅建などの) 資格試験、(速読、視力回復といった) 能力開発の書籍と並べて、関連するPCソフトを販売してみてはどうかと言われた。PCソフトなんてディスカウント好きの家電店やパソコンショップに任せておけばいいと思ったが、その家電店やパソコンショップも、名づけソフトと並べて『姓名の暗号』(樹門幸宰/幻冬舎) を売ったりしていると聞いて驚いた。パソコン誌とパソコン書籍だけを販売していると思っていたら大間違いだった。

都内の某書店が、『現代人を救う塩健康革命』(幻冬舎) と、沖縄のミネラル海塩の並列販売を実施したところ、本も塩もとてもよく売れたそうだ。圧倒的な集客力、幅広い顧客層を持つ書店の特性を活かした新しい試みといえるかもしれない。

おもしろいことをするなあと思っていたら、わが社にもこんなことを始めた店があった。啓文社多治米《たじめ》店が、寒天ブームに乗る形で、『NHKためしてガッテン 寒天ヘルシー生活』(アスコム)、『寒天でやせる!健康になる!』(学習研究社)などといっしょに、ところてんを売り出したのだ。地元の情報誌が取材に来たりして、ちょっとした評判になった。

さまざまなカテゴリーの商品を集めることで、新たな付加価値が生まれ、書店は、家族や仲間が楽しめる「日常的エンターテインメント」を提供することができる。トップカルチャー、清水秀雄社長が示すこのコンセプトは、こういった販売手法の意義を表すにはもってこいの言葉かもしれない。

啓文社は、チェーン書店といえ、その店の店長やスタッフが思いついたことは独自にどんどんやって良いことになっている。法律とモラルに反していなければ、基本的に「何でもあり」だ。

啓文社廿日市店は、集客力をアップさせる意図で、ティッシュペーパーや洗剤の大安売りをしたことがある。瀬戸店は水草を売った。新浜店は、十二月にスタッフ全員がサンタクロースの服を、夏にはゆかたを着て店頭に立った。駐車場では金魚すくいをやった。お客さんに雲の上を歩いているような感じを味わってもらおうと、店内でドライアイスをたいたこともある。久保店は、近所にあるパン屋の厨房を借りて、リース型のパンを焼いてお客さんにプレゼントした。

わが社の手塚社長が繰り返して言う言葉に「合理主義者は祭りをなくす」がある。無駄なものを排除していけば、町から祭りは消えてしまう。けれども祭りのない町は味気なく、活力も生まれないという意味だと思う。手塚社長はさらに続ける。「少しばかりやりすぎたからといって会社は潰れることはない。誰も何もやらない方が潰れるかもしれない」

この言葉にわたしたちは何度勇気づけられたことか。

これらの発想と行動が莫大な儲けにつながるかというと、悲しいことにそれほどでもない。効果が期待できないのだからお金を遣うわけにいかない。「経費をかけず、手間をかける」が、わたしたちの合言葉だ。お客さんの喜ぶ顔や驚く顔を思い浮かべ、それをエネルギーに準備を進める。成功するか失敗するかはやってみなければわからない。わからないから、とりあえず、やってみる。そのせいか、失敗は数えきれない。

テッシュペーパーの大安売りは開店前から駐車場が満車状態、長蛇の列が並んだものの、お客さんはティッシュペーパーを買うとそのまま満足そうに帰ってしまい、本の売上アップにはあまり結びつかなかった。店員のゆかた姿は評判が良かったが、本を棚に並べたり、売場を直したりという本来の作業はまったくできなかった。ドライアイスは量が少なすぎたため、雲はおろか、微かな煙にしかならなかった。

店内の雰囲気を安価な方法で変えようと、白と濃い紺色の布を入口や店内の柱に巻いたことがあったが、本社に「何かご不幸でもあったのですか」と電話がかかってきた。

山ほどある失敗をよそに、わずかながら成功事例もある。コア店は、クリスマスになると、サンタクロースの恰好をして、本の配達をする。小さな子どもたちにはインパクトが強いらしく、大好評で十年ほど続く恒例イベントとなっている。玄関を開けると家族全員が正座をして待ち構えていたり、ホームビデオで追いまわされたり、ビールを勧められたり、お客さんとかなり近い関係になったと実感できる。正直いって、最も忙しい時期と重なるので、いろいろときついイベントだが、実際にサンタクロースを演じ、「どうだ。サンタが来るって、パパの言ったことは嘘じゃなかっただろう」と得意満面のお父さんや興奮してはしゃぐ子どもたちの顔を見ると、止めるわけにいかなくなる。

祭りは、みんなで楽しむものだ。何の得があるものでもないのに、血が躍り、胸が鳴る。冷静に考えはじめるとしらけてしまう。たまには、理屈なしで無駄かもしれないことをやって楽しんでみよう。祭りこそが、明日への活力だ。だから、

合理主義者よ、祭りをなくすな。

「日本一短い感想文」コンクール

毎年恒例のイベントとなっている「日本一短い感想文」コンクールが、この夏で十回目を迎えた。わが社が主催するこの読書感想文コンクールは、どんな本の感想でも構わない。応募者も地域、年齢もまったく限定しないので、誰でも参加できる。ただ一つのルールは、「三十文字以内」にまとめること。わずか三十文字という制限が、とても簡単で、とても難しい。北は北海道から南は九州、沖縄まで、全国各地から毎年約二千作品が届く。

「どうして三十文字なのか」と、よく尋ねられる。実は、帯にコメントとして付けたかったのだ。作家、評論家、タレントなど、著名人の推薦コメントの代わりに、「○○町の理容院経営○○○○さんも絶賛」とか「○○高校水泳部副キャプテン○○○○さん推薦！」というのをやりたかった。帯にコメントとして載せようとしたら、三十文字くらいがちょうどいいと思ったのだ。だから、本当は読書感想文というよりは、お気に入りの本の「褒め比べ」コンクールかもしれない。

今から十年前のこと。地方・小出版流通センター、川上賢一社長とこんな会話をかわした。

「今度、うちの店の近くに書店ができるんです」

「そうなんだ。でも、書店ができたって、怖くないだろう」

「そんなことないですよ。すごく脅威に感じていますよ」

「もし、本当に脅威に感じているんだとしたら、啓文社は今まで何十年も何をしてたの？」

「何をしてたって……」

「あなたの会社は、広島県で六十年以上も書店をやってるんでしょ。そこにいきなり他の書店ができたからって、それで、そっちへお客さんが流れるとしたら、今まで何をやってたんだって、聞きたいんだよね」

啓文社は、本社のある尾道市に五店舗、隣の福山市には十店舗というように、広島県東部に集中して出店している。いわゆる、地域密着型のローカルチェーンだ。加えて、学校や企業を中心に営業をしている外商部員が十名いる。

川上社長と話をしてからというもの、地元の人たちにとって「啓文社が特別な書店である」ために何をしたら良いのか、今まで以上に強く考えるようになった。

書店には、いろいろなお客さんがやって来る。

本を読みたいのだけれど、たくさんありすぎて何を読んだらいいのかわからない。来店される度に「何か面白い小説ない？」と尋ねるお客さんもいれば、「この本は良かった。ぜひ読んでみて」と、書店員であるわたしに毎度毎度、本を薦めてくださる方もいる。わたし自身も経験があるから気持ちがよくわかる。わたしも学生時代、どんな本を読んだらいいのか悩んだし、おもしろい本に出合ったら、その本の素晴らしさを話したくてたまらない。本を薦めたい人と薦められたい人が書店にいる。これをうまく結びつけられないかと考えた。

こうして、「日本一短い感想文」コンクールは誕生した。応募期間は、毎年七月十一日から九月十一日。夏休みの宿題として取り組んでくださる学校のことも考慮して期間を設定している。小学生も中学生も高校生もたくさん参加してくださるが、とにかく、幅広い層から応募があり、ご年配の方からの作品も多い。入賞した人への賞品は、大賞ですら一万円分の図書カードだから大したものではないが、それでもたくさんの力作が届く。これを啓文社のみんなで選考している。

著者自身や出版社など作り手のメッセージは、新聞広告や帯で読める。店頭のPOPは書店による売り手からのメッセージである。

啓文社では、読書週間に、「日本一短い感想文」コンクールの入賞作品が、帯のコメントになって、店頭に並ぶ。

読み手から読み手への熱い熱いメッセージである。

ホリエモン、立候補す

衆議院選挙で、ホリエモンこと、ライブドアの堀江貴文社長が立候補を表明してからというもの、広島六区は全国から注目の的となった。出版社の人たちと電話で話をすれば、「今、尾道は大変なことになっているでしょう」と口々に言われ、その度に「ええ、大変なことになっていますよ」と答えた。確かに、街じゅうが浮き足立っている感じがしていた。

もともと、小泉郵政改革に対して徹底的に反対してきた亀井静香さんの地盤として広島六区は話題の中心にあり、落下傘とか刺客と呼ばれる候補者も大物が立つに違いないと噂されていた。

最初に立候補者として噂にのぼったのは、竹中平蔵郵政改革担当大臣。この話を聞いて、すぐに『郵政民営化「小さな政府」への試金石』（竹中平蔵／ＰＨＰ研究所）を大量に発注した。しかし、竹中さんがあっさり否定して、立ち消えた。次に噂されたのは、猪瀬直樹さん。今度も、すかさず『決戦・郵政民営化』（猪瀬直樹／ＰＨＰ研究所）を発注した。が、これまた違っていた。その後も、田中秀征さん、東ちづるさんなど、次々と名前が挙がってきたが、この時には、「もう決定するまでは動かない」とひらき直っていた。

とにかく、選挙も気になるが、商売にどれだけ影響があるかも気になってしかたがなかったのだ。

堀江貴文さんが尾道に来てからというもの、ますます過熱状態。「ホリエモンが、昨日、尾道ラーメンを食べていた」、「その前は、映画『男たちの大和／YAMATO』ロケセットを見学していた」などと、毎日、堀江さんの話題で持ちきりだ。わたしもクルマで配達の途中、尾道市役所の前を通ると、二十台以上のタクシーが待機しているのを見て驚いたが、あとで聞けば、堀江さんが尾道市長に挨拶に来ており、タクシーはマスコミがチャーターしていたものだった。その後、堀江さんはお隣の三原市長のところにマスコミを乗せたタクシーを伴って移動したそうだ。

堀江貴文さんの本は、とにかくよく売れた。『稼ぐが勝ち』(光文社)、『100億稼ぐ仕事術』(ソフトバンク パブリッシング)など何でも売れ、堀江本コーナーはどんどん拡がっていった。

一方、国民新党を旗揚げしての戦いとなった亀井静香さんも広島六区に帰ってきた。近年、亀井さんは選挙になっても地元に戻ることはなかったが、さすがに今回は違った。精力的に六区をまわっているらしい。

書店売場には、堀江本に加え、『月刊亀井静香』（アスコム）、『ニッポン劇的大改造』（扶桑社）など亀井コーナーも併設されていく。

そんななか、社内で、この堀江コーナー、亀井コーナーのことで意見交換が始まった。そして、とにかく、特定の候補者に偏った展開をすることはやめようということで一致した。候補者は二人だけではないが、民主党の佐藤公治さんも、もう一人の候補者にも著書はない。だからといって「ホリエモンvs亀井静香」といった表現でコーナー展開はすべきでない。話題性のある候補者の著書に偏って大々的に取り上げるべきでない。

テレビでは、連日、広島六区候補者のインタビューが映し出されている。「まさか解散総選挙になると思っておらず判断を間違えたのでは？」、「刺客を差し向けた自民党についてどう思うか」といった質問ばかりをぶつけておいて、一方で、今回の選挙では政策論がかわされていないと司会者は嘆く。政策を語っても、その内容に一切触れず、「しゃべり方が歌舞伎調で古くさい」とか「何を言っても恨みつらみにしか聞こえない」というコメントだけを残す。まるでマスコミが作ったフィルターを通して物事を見て、そのイメージが決まっていくような錯覚さえ感じる。

わたしたちの住む尾道は小さい町だから、それぞれの候補者を必死で応援する人たちの姿がよく見える。わたしたちは、どの党を、誰を応援するというのはないが、選挙戦を茶化したり、煽ったりするのはやめようと話し合った。もちろん、本が売れるということは需要があるということだから、店頭からはずすということはしない。けれども、ＰＯＰを付けず、コーナーを一等地からはずし、売場の一角で淡々と販売することにした。いろいろ考えた末の決断だったが、わたしは、今でもこれで良かったと思っている。

堀江さんは、連日、どこに行っても、溢れるほどの人に揉みくちゃにされるほどの人気だったが、それでもまさか当選はないだろうと踏んでいた。亀井さんにしても佐藤さんにしても長年、地元に根ざしてきた政治家だ。堀江さんが若い人に人気があるといっても、広島六区には選挙権を持つ若い層は少なく、高齢者と呼ばれる人が大半を占めていた。他の選挙区ならともかく、広島六区では万に一つも勝ち目はないというのが大方の予想だったに違いない。

投票が終わり、結果は皆さんもご存じのとおり。堀江さんは驚くほど多くの票を獲得した。「若いくせに礼儀知らずで、ナマイキ」、「カネの亡者」とマスコミで評されていた堀江さんは、会って話をしてみると、実はとても爽やかで常識的な青年。選挙区内の多くの人がそう感じたようだった。それは堀江さんのポーズに騙されていたのかもしれないし、見る目がなかったのかもしれないが、マスコミからの情報でなく、自分たちが直接見聞きしたもので判断を下したはずだ。もちろんそれは、亀井さんに対しても佐藤さんに対しても同じだったと思う。

情報を発信する立場でもある書店にどこまで影響力があり、どこまで責任が委ねられているかわからないが、勝手なフィルターを作って見誤らせることのないよう、バランス感覚と素直さは持ち合わせてゆきたいとあらためて思った。

選挙が終わった後も、尾道をテーマとした地域情報サイト「livedoor 尾道」が開設されたし、市内に作られた「堀江貴文個人事務所」も残っていたりして、堀江さんの余韻は尾道から消えてなかったが、既にマスコミの興味は尾道から離れていた。

数か月が経ち、ライブドア事件によって、マスコミの目は、再び尾道に向けられた。事務所には取材が殺到し、対応で大変だったみたいだ。

支援し、期待していたにもかかわらず、裏切られた感が強かった人も少なくなかったはずだが、荒げる声は聞こえてこなかった。尾道のまち全体は、新聞やテレビの騒ぎとは無縁のように、いつもと同じ穏やかさを保っている。

過熱した報道によって我を忘れることなく、冷静に物事を見つめ判断することの大切さを学んだのかもしれない。

一号店に教わったこと

啓文社の創業は、昭和六年。

今まで、煙草の元売捌をやっていた手塚逓蔵が、尾道商業高校をまもなく卒業しようかという息子、景三に、「書店に転業する。すべて任せるからやってみろ」と伝えたのが、書店、啓文社の始まりである。尾道にある商店街の十坪ほどの店舗、わずか三人でのスタートだった。

弱冠十八歳の創業者、手塚景三は、現在の手塚弘三会長の父であり、手塚淳三社長の祖父である。

一九六〇年に、一万一千点余りだった新刊書籍の発行点数は、七五年には倍になり、八三年には三倍になり、九三年には四倍になり、二〇〇〇年には六倍以上になった。『だれが「本」を殺すのか』（佐野眞一／新潮文庫）の表現を借りれば、本屋の店員が、咳払いをし、ハタキをかけながら立ち読み客を追い払う光景が消えたのは、ハタキをかけるヒマさえも与えないほど、うんざりするような新刊洪水が当たり前の時代になったからだ。

溢れる出版点数、多様化する顧客ニーズに応えるように全国で書店の大型化が進む。啓文社も郊外やショッピングセンター内といった新たな商業集積地に店舗展開を進めていった。

こうして、かつて「何でも揃った大きな書店」と評され、啓文社の「本店」として旗艦店の役割を担ってきたこの店も、いつしか啓文社の中で一番小さな店になっていた。商店街も次第に賑わいを失い、お客さんの足は郊外へと向かった。

スクラップ&ビルドを進めてきたわが社において、この一号店は何度もスクラップ候補に名を連ねてきた。それでも最後は「存続」という結論にいたってきたのは、啓文社にとって「創業の地」であり、お客さんからも愛され、支えられてきた大切で特別な店だったからだ。

二〇〇六年二月、遂に、啓文社一号店は、閉店することになった。

最後の決断を下したのは、手塚淳三社長。創業者である手塚景三前会長が前の年、亡くなれたことも理由の一つだったのかもしれない。社内には「前会長がお元気なうちは閉店するわけにはいかない。一号店の赤字分くらい他の店でカバーすればいい」という空気が確かにあった。

でも、もういいんじゃないだろうか。時代の流れの中で役割を充分に果たした。

閉店するにあたり、手塚社長から「営業の最終日まで一切、手抜きをすることなく、できる限り最高の売場を保ってほしい」という言葉があった。通常、閉店がいよいよカウントダウンの段階になると、売れた本を補充せず、注文もストップする。そうすると、最後の方は商品が少なくなってきて棚の本が傾いたりしてしまうものだ。そんなことは絶対に許さない。それが社長からの指令だった。よし、最後にもうひと花咲かせてやる。まるで開店セールのようなイベントを繰り広げることにした。

閉店の告知をしたところ、新聞社が取材に来たので驚いた。また、閉店の知らせを聞いたお客さんが県外からもわざわざやって来てくださった。

「小さい頃から通った思い出のつまった本屋なんだ」

大きな袋いっぱいに買い込んだ本を抱えてそう教えてくださった。

とにかく予想をはるかに上まわるほどの反響。ここでは書ききれないほどの出来事が閉店前の一週間に起き続けた。そのすべての出来事により、いかに愛された書店だったかを思い知らされたのだ。

「閉店するなんて残念だわ。これからどこの書店に行けばいいでしょう」

毎日のように通ってくださった近所の常連さんが残念そうな顔でこう言った。

「この店は欲しい本が何でも揃っていたから便利で良かったのに。駅前の店には欲しい本はあまりないから」

耳を疑った。駅前にも啓文社の店があるが、この店の四倍以上の広さがあり、専門書まで幅広いジャンルの本を取り揃えている。一方、こちらは小さすぎて品揃えが充分にできないから閉店しようというのに、商店街の一号店の方が揃っているというのだろうか。お客さんの声やスタッフの話に耳を傾けていると、だんだんと答えがみえてきた。

この店はほとんどがベテラン社員で、常連客の趣味嗜好や家族構成などを熟知している。お客さんの顔を思い出しながら、本の仕入れをしていて、来店されると、「今度、こんな本が出ましたよ。○○ちゃんにいかがですか」「この間、探していた本、これじゃないですか」などと声をかけていた。

掛かりつけのお医者さんよろしく、まさに掛かりつけの書店。欲しい本が揃っていて当然だった。

ハタキをかけたりはしないが、一人ひとりのお客さんの顔を頭に浮かべながら仕入れをしたり、棚に並べたりする。これからの書店は図体が大きくなるばかりで、このようなこともだんだんできなくなっていくのか。

わが一号店にはいろいろなことを学んだが、最後にとても大切なことを教わったような気がした。

リサイクル書店を始める

「専門書は、休日に広島市か岡山市まで出かけて買っているよ。尾道には大きな書店がないからね」

これまで何度も聞かされてきた言葉だ。尾道で長年商売をしてきた立場としてはつらい一言である。そういえば最近ではこういったことも耳にするようになった。

「書店に行って、本を探してもらって、なかったら注文して、名前や連絡先を伝えて、入ったら、また取りに行って……。その点、アマゾンはいいねえ。面倒でないから」

だから、「地元には啓文社があるから充分」と言ってもらえるような大型書店を作ることこそ、わが社の念願だったのだ。

求めていた物件が遂に見つかった。場所は、尾道市と福山市の境。合併により拡がった尾道市南北からのアクセスも良く、向島や因島からも橋を渡ればそう遠くない。福山市西部に位置する松永地区や神村町からも楽に来られるはず。もともとホームセンターだった建物は、売場だけで八百坪ある。二百台収容できる駐車場も魅力だった。

これだけ好条件が揃った物件も珍しいが、実は一つだけ問題があった。わずか八百メートル東に、啓文社高須店があるのだ。これほど近くに倍以上の売場面積を持つ書店ができたのでは影響を受けないわけがない。しかし、高須店は通学路にも面しており、手放すにはあまりにももったいない立地だった。そこで、業種を変えることで新店舗と共存させようと考えたのである。

「高須店で本のリサイクルをやろうと思うが、意見を聞かせてほしい」

ある日、手塚淳三社長にこう尋ねられた。

あと何年か経てば、新刊書店が古書を併売することが当たり前の時代が来るはず。それならば、少しでも早く始めてノウハウを蓄積しておくべきだと考え、「ぜひ、やりましょう」と即答した。

「家の中が本でいっぱいになって底が抜けそうだ。ほとんど啓文社で買ったものだから、何とかしてもらえないか」

お客さんからのこういった声を何度も聞いていた。地元のお客さんは、本のことはとりあえず何でも啓文社に相談しようという思いがあるのかもしれない。啓文社が「売るのは新刊本だけ」という枠に納まる必要はない。地域密着型の書店なら可能な限りあらゆる要望に応えていくことも重要だと思う。

本を扱うという点では同じでも新刊本と古本では似て非なるものだ。リサイクル事業は、啓文社にとって新しい取り組みであり、大きな決断だと思うが、高須店を古書店に生まれ変わらせるアイディアには大きな反対意見もなく、あっけないくらいすんなりとまとまった。

さて、どうやって進めようか。インターネット・カフェはフランチャイズに加盟したが、新刊書店をやりながらリサイクル書店をやるフランチャイズ・チェーンは見当たらないし、何より「啓文社」の看板を掲げ、啓文社ならではの新しいスタイルのリサイクル書店を作りたいという気持ちが強かった。

結局、フランチャイズではない形で、あるリサイクル書店チェーンにお願いして、商品も含めた開店までの準備について協力してもらうことにした。

啓文社リサイクル館高須店の責任者は今利店長。わたしと同期入社で、今から二十年ほど前、啓文社が初めてビデオレンタルを始めた時も、責任者として立ち上げた人だ。わたしのように、元からしっかりと土台の出来上がった書店で働いてきた者とは違い、しくみもルールもない新事業をゼロからスタートさせ、一つずつ積み上げてきた。

今利店長は、開店にあたり、リサイクル書店で二週間修行をした。全国百店舗以上にわたって展開しマニュアルも整備されているチェーンだ。

開店まで秒読み段階。商品が届く。数十冊単位で紐に縛られ、番号が付けられている。紐を解いて、同じ番号の棚に収めていけば、出来上がり。今まで書店の棚詰めを何度も経験してきたが、こんなに簡単なのは初めてだ。

新刊書店では、ほとんどの開店用商品が出版社別に箱詰めされて入荷する。これをジャンルごとに仕分けし、それぞれの売場に運び、そこでさらに細分化し、量と相談しながら棚に収めていく。熟練した書店員がそれぞれの売場に配置され、応援スタッフに指示を出しながら進めていく。注文した本が必ず入ってくるわけではなく、逆に注文していない本が入っていることも多く、なかなか計画どおりにはいかない。途中でどうしてもうまくいかず、最初からやり直すことさえ珍しくない。

ところがこの方法だと、今日、初めて本を触る素人でも簡単に棚詰めができるのだ。まさかこんなに簡単に棚詰めができるとは思わず、予定より早く準備ができた。

さて、啓文社には、従来の古書店を真似する気持ちはさらさらなく、というより、古書店の真似などそう簡単にできるわけもない。先に書いたとおり、新刊書店が作る新しいリサイクル書店として、今までになかった試みをしたいと考えていた。古書店、リサイクル書店と新刊書店の違いはＰＯＰの量ではないだろうか。本の宣伝文句や内容情報、お薦めのコメントなどを書いたカードのようなものをＰＯＰと呼ぶ。古書店では「価格」表示がメインで、本の内容などを紹介したＰＯＰが新刊書店に比べて極端に少ない。それならＰＯＰで売場を埋め尽くそうということになった。啓文社福屋ブックセンターの文庫担当、日置さんとわたしで百枚以上のＰＯＰを書いた。

こうして高須店は、啓文社初のリサイクル書店として生まれ変わり、オープンの日を迎えたのだ。宣伝の効果もあり、開店前から玄関には列が並び、開店直後から順調な混み具合。苦労して作ったＰＯＰを見てくださるお客さんもいて、嬉しい気持ちになった。

ふと、単行本の棚を見て愕然とする。

この棚は著者のあいうえお順になっているが、創価学会の池田大作名誉会長の著書の隣に、時代小説の大家、池波正太郎氏の本があり、その隣にタレントの伊集院光さんのエッセイがある。新刊書店では、これらはすべてジャンルごとに分かれ、別々の棚に並んでいる。おまけにこの棚の向かい側にビジネス書、趣味書の棚があるにもかかわらず、著者あいうえお順の棚にビジネス書や趣味書が混在していた。

棚詰めが簡単だと喜んでいたが思わぬ落とし穴があった。

急遽、応援に来ている店長たちを集め、営業中ではあったが、棚詰めをやり直すことにした。国内作家のあいうえお順に始まり、時代小説、海外小説を続け、その後にノンフィクション作品を並べた。ビジネス書などは本来の棚に収め、棚の分類を変更しながら、棚見出しを増やし、探しやすい工夫をした。やっつけ仕事ではあったが、とりあえず、恥ずかしくない棚に変えた。

応援に来ていたリサイクル書店チェーン本部の人が、わたしの横に来た。

「さすがですね。あっという間に直してしまいましたね」

いえいえ、と謙遜する言葉を吐きながら、どんなもんだという顔をしていたと思う。

「でも、この棚では、新人スタッフは、買い取った本をどこに収めようか相当悩むでしょうね」

池波正太郎を時代小説作家だと知らなければ、池波作品は時代小説の棚に収めることはできない。昨日今日入ったスタッフに書店の棚を操れるほど生易しいものではない。

しかし、「それではだめだ」と本部の人は言う。今日入ったアルバイトでも棚に入れられなければならず、いかに少ない人数で、いかに早く買い取った本を棚に並べるかが勝負なのだ。それがローコスト・オペレーションの基本であり、そのためにはある程度は目を瞑って、妥協する場面も必要だと語った。

なるほど。でも困った。たとえそれが古書店であろうと啓文社としてしっかりと区分けのできた棚にしておきたい。また、それが他の古書店との明確な違いになるはずである。しかし、それを実現するためには、スタッフを増やし、時間をかけて教え込む必要がある。それでは儲からないではないか。

どこまでを我慢し、どこまでを徹底するか。とりあえず、やりながら考えることにした。

そして、啓文社リサイクル館がオープンして二年が経った。

開店の時、あれほど悩んだのは何だったのだろうか。実は、当の今利店長には、最初から一分の迷いもなかったようだ。棚づくり、売場づくりにおいて妥協はなかった。従来のリサイクル書店だけでなく、新刊書店が売場でやっている手法もどんどん取り入れている。今朝のニュースに関連した本、話題の人の著書を集めて、コーナーを作る。昨日、買い取った珍しい古書にPOPを付ける。

「啓文社がやるべきことは、新刊書店でもリサイクル書店でも同じだよ」

今利店長は、売場を作る手を休めることなく、そう言った。

でも、リサイクル書店での毎日は、新しい発見の連続で、仕事がおもしろくて堪らないらしい。

縁起の良い書店!?

啓文社では、十一店舗でサッカーくじｔｏｔｏを販売している。サッカーくじｔｏｔｏとは、Ｊリーグ十三試合の勝ち、負け、引き分けを予想するものだ。全試合的中させれば一等、はずれたのが一試合だけなら二等、二試合はずれていたら三等で、当せん金は、当せん口数によって異なる。

ｔｏｔｏが本格的にスタートしたのは二〇〇一年のことである。わたしも第一回から八百円ずつ買い続けていた。最初の年こそ、収支でプラスになったものの、翌年に四十回近く購入して一度も当たらなかったのがショックで、三年目からはまったく買わなくなった。

ｔｏｔｏを当てるのは本当に難しい。三十ほどあるチームの戦力や相性について過去のデータを細かく分析するだけでは全然足りない。出場選手によって戦術も変わるから出場停止や負傷欠場の情報はチェックしなければならない。悪天候では番狂わせも起こりやすくなるので天気予報も気になる。こうして時間をかけ分析しても、所詮、勝負は水ものだから、結局、裏切られる。ならば、買わない方が賢明ということになる。わたしの場合、二年やってようやく気づいた。気づいたのがわたしだけでなかったのは、ｔｏｔｏ人気が思うように盛り上がらなかったことが証明している。

やがて、試合数を少なくして当たりやすくした「ミニｔｏｔｏ」や、勝ち負けでなく得点を当てて楽しむ「ｔｏｔｏゴール」という新たなくじが開始され、さらに、コンピュータが代わりに予想投票してくれる「ｔｏｔｏビッグ」なるものも登場した。これならサッカーにくわしくない人でも気軽に購入できる。

満を持して導入された「ｔｏｔｏビッグ」だが、なかなか一等が出なかった。一等が出ないと当せん金は繰り越されるので、次の回の当せん金がどんどん増えていく。史上最高の一等六億円の期待が高まるにつれて、購入者も増え、第二百七十八回「ｔｏｔｏビッグ」は、前回の約十倍、過去最高の売上を上げた。

そして遂にその日はやって来た。

当せん金五億六千三百十三万二千九百十三円の一等が出たのだ。くじを運営する日本スポーツ振興センターから啓文社本社に電話が入る。一等七口のうち、一口はサンキューランド啓文社新市店で販売していたと教えてくれた。

さあ、そこからが大変。新聞社、雑誌などマスコミから啓文社本社や新市店に取材が殺到した。実は、記者も「ｔｏｔｏ」がどんなものか正確に理解していない。そのしくみから説明しなければならないので苦労した。

そんなこんなで翌日、新聞各紙の地方欄に記事が掲載された。

「福山で一等五億円　啓文社から」

「福山で出た！超〝ビッグ〟な一等」

新市店に限らず、啓文社の各店で、お客さんから「一等が出たんだってね。すごいね。おめでとう」と、祝福の言葉をもらった。

「そうなんですよ。ありがとうございます」

そう答えたものの、考えると少し妙だ。一等は啓文社で販売したが、賞金五億六千万円は当せんした人の手に入るわけで、啓文社が儲かるわけではない。一等が出てからというもの新市店を筆頭に啓文社各店で、ｔｏｔｏの購入が増えたのは確かだが、その他の売上は伸びていない。

このチャンスをもっと活かす方法はないかと考えた結果、啓文社全店で、「運が良くなる本」のフェアを開催することにした。

なぜ、人々は一等が出た店で、くじを購入するのだろう。実際に購入する人に聞いたところ、

「縁起が良いから」という理由が圧倒的に多かった。運を天に任すのだから、良いと思われることは全部やるというのが、基本スタンスらしい。縁起の良い日時に、縁起の良い方角から、ラッキーカラーの服を着て……。気にすればキリがないが、だめでもともと、やりすぎて悪いことはない。そんな考え方だ。

運を手にするための本、運が良くなる本は、売場にたくさんある。『捨てればひろえる幸運の法則』（佳川奈未／幻冬舎）、『楽しく上手にお金とつきあう』（小林正観／大和書房）、『「いいこと」が次々起こる心の魔法』（ウェイン・W・ダイアー／三笠書房）など、データを調べてみると、どれもよく売れていた。

これらを集め、「啓文社でｔｏｔｏビッグ一等が当たった！記念／運が良くなる本フェア」として、全店で一斉に開催したのだ。

すると、それがまた地元の情報誌で紹介されたりするから、ありがたい。

理容院に行った時、「さっき、お客さんから聞いたけど、啓文社の人が一等を当てたそうだね」と言われ、椅子から滑り落ちそうになった。「啓文社で一等が出た」が、いつの間にか「啓文社が一等を当てた」に変わっていた。噂ばなしは、得てして誤った内容で伝わるものだが、ちょっと「啓文社で当たった、当たった」と騒ぎすぎただろうか。

とにかく、啓文社は「縁起の良い書店」として名を轟かせた。

ところが、思わぬ方向に、風向きは変わる。

啓文社新市店で、ｔｏｔｏ一等、五億六千万円が出て一か月も経たないうちに、同じ町で今度はドリームジャンボで前後賞合わせて四億円の大当たりが出た。啓文社新市店からわずか四百メートルしか離れていない宝くじ売場である。たった二万人ほどの町で、連続の大当たり。

かくして、評判は、「縁起が良いのは、啓文社ではなく、新市町だった」に変わってしまった。

幸運の女神は、本当に気まぐれである。

啓文社の口ぐせ

『トヨタの口ぐせ』（中経出版）には、トヨタの現場で語り継がれた言葉が、責任者たちによって紹介されている。

「流されるな、自分の仕事はもっとあるだろう」、「データで仕事しよう、ワーストから潰そう」、「真因を探せ」、「一週間ものが動かんかったら捨てろ」など、わたしたち書店員にも為になる言葉が溢れている。

啓文社にも、諸先輩から何度も聞かされてきた言葉がある。つまり、「啓文社の口ぐせ」である。

「合理主義者は祭りをなくす」

この言葉は前にも紹介したことがあるが、啓文社で繰り返し使われている言葉だ。祭りは深く関われば関わるほど手をとられるだけで得がない。何でも合理的に物事を進めようとして無駄を排除していこうと考えれば、祭りは一番にいらない。しかし、祭りのない町のなんと味気ないことか。

書店現場においても、一見「無駄」と思えるようなことでもやった方が良い場合がある。すべてを「儲からない」「経費がかかる」という基準で判断するのはやめよう。そんな時によく使われる。

啓文社では、「祭り」をたとえ話として使っているが、実際の「祭り」においても同じである。尾道には、尾道みなと祭やベッチャー祭りといった町全体が盛り上がる大きな祭りがある。春におこなわれる尾道みなと祭のメイン・イベントに「ええじゃんSANSA・がり」踊りコンテストがあり、啓文社も毎年参加している。広島教販との連合チームで約七十人。いつも手塚社長が一番張り切っている。百人チームを目指し、社長自ら個別に勧誘する。新卒採用の面接で、「あなたは祭りの時に踊りに参加してくれるか」と訊いたりする。

祭りの一か月前から、夜、集まって練習をする。本社の二階から「えーじゃん、えーじゃん」という掛け声が響きわたる。二階の床が抜けるのではないかと思うほど大勢で強く跳ねまわる。

踊りコンテストではもちろん優勝を目指しているが、実力のあるチームが多く、いまだ実現していない。そして、結果よりも踊りの後の打ち上げの方が楽しみだったりする。

ある年、打ち上げの最中に手塚社長の携帯電話が鳴った。

「さっきからステージで何度も啓文社を呼んでいるよ。特別賞に選ばれたみたい」

急いで会場に戻ったが、既に照明は消え、ステージの撤去作業がおこなわれていた。とまあ、これも祭りの良き思い出である。

啓文社の口ぐせには「入社一年目の給料は、怒られ賃」というのもある。

入社式や新人研修などでは毎回誰かが口にする。わたしも入社した時、上司から聞かされた。新入社員には、給料を、会社に貢献した報酬だと勘違いする人がいる。残念ながら入社一年目あたりでは足手まといになることはあっても、戦力とはとてもいえない。会社にとって、新入社員の給料は、いわば先行投資である。新人時代は、お客様や先輩社員から叱られることが多い。怒られ賃として給料をもらっていると思って、挫けず精進しなさいという意味だ。普通なら二年かけて覚えることを努力して一年で覚えようとする意欲は必要だが、焦らず着実に育ってほしいという意味も含まれている。

「こんな売場を作るために書店員になったのか」

ジャンルの区分けが雑になった棚を見て、あまりに無造作に積まれた平台を見て愕然とし、つい売場担当者に向かって口にしてしまった。

わかりやすくするために大雑把な言い方をすると、店には毎日千人ものお客さんがレジに来て、棚から千冊の本が消える。次の日までに千冊を棚に収めなければ棚はガタガタになるので書店員はフル回転で本を棚に詰める。何よりスピードが勝負である。

一方、本の並べ方は追求すればきりがない。

どんな関連書を集めてどう並べるか、答えは一つでない。平台では一つ隣に移すだけで売行きが変わってくる。平台の一等地である一番手前の一番端に何を置くかは重要だ。その本の魅力を伝えるためにキャッチコピーを考える。ＰＯＰを付けてみる。ポスターを貼ってみる。限られたスペースを最も効果的な方法で彩る。手を加えれば加えるほど売場は輝きを増す。しかし、「これで良し」というゴールは無いから、時間との相談で、どこかで妥協するしかない。

そして、妥協が過ぎれば、おざなりな売場ができる。

考えてみれば売場担当者は、毎日が理想と妥協の戦いである。それはよくわかる。よくわかっているが許せない。

あなたは、こんな売場を作るために書店員になったのか。

そばにいた後輩があとでこう言った。

「さっきの言葉は最近よく聞きますが、口ぐせですか」

そうです、口ぐせですよ。そして、この言葉はいつも自分自身にも言っている。

尾道ベッチャー祭りの二百年

平日の商店街はなんだか寂しい。とりわけ木曜は定休日の店が多いから、閉じられたままのシャッターがやけに目立つ。日曜、祝日なら観光客の姿があちこちに見られるはずだが、今日は近所のお年寄りか高校生しか見当たらない。

わたしもかつては商店街を抜けて高校に通っていた。アーケードのおかげで雨の日も濡れずにすむが、濡れた路面は滑りやすく、自転車でスピードを出しすぎるとよく転んだ。

そんなことを思い出しながら、いつの間にか目的地のコミュニティFM放送局「エフエムおのみち」に辿り着いた。

エフエムおのみちで毎週木曜午後一時二十五分から「啓文社トレンド情報」という約二十分間のコーナーがある。第一木曜は、啓文社新浜店の島谷店長が生出演し、尾道市内啓文社各店のイベント情報を告知する。第二木曜は、啓文社コア福山西店、三島主任によるお薦めミステリの紹介。第三木曜は、わたしが担当の日で、尾道について書かれた本や尾道に縁のある人が書いた本を紹介している。

こんな感じで出演しはじめて、かれこれ三年経つが、今まで一度もネタに困ったことがないので、それほど尾道に関する本が頻繁に出版されているということだろう。

今回の放送で紹介するのは、尾道大学創作民話の会が発行した『別冊尾道草紙／尾道ベッチャー祭り』。

せっかくだから、この本の話をしようと思う。

尾道で生まれ育った光原百合さんは、日本推理作家協会賞の短編部門を受賞した『十八の夏』(双葉社)といったミステリだけでなく、ファンタジー、翻訳など幅広いジャンルの作品を持つ作家である。作家でありながら、尾道市立尾道大学の芸術文化学部准教授として文芸創作などを教えている。

プロの作家から創作を習えるとは、学生たちはなんて幸せなのだろう。羨ましくて堪らない。

その光原先生が、ある時、大学の授業で「創作民話を書く」という課題を出した。

「民話」というのは、その土地の風土、歴史、伝統、そして人々の暮らしの中から生まれ、語り継がれてきた物語のこと。尾道にも、「かんざし灯籠」「丹花の子育て幽霊」など多くの民話が存在する。魅力的な土地は魅力的な物語を生む。だから「尾道の魅力を借りて文章練習をしてみよう」というのが狙いだった。

学生たちが提出した作品は想像以上に素晴らしい力作揃いだった。そして、これほど出来の良い作品が集まったのだから本にまとめようということになったのだ。美術学科の学生が挿絵をつけて、すてきな本が完成した。タイトルは『尾道草紙』。

学生たちは千光寺山を登り、桜土手や海岸通りを歩き、それこそ尾道じゅうをまわって創作民話の題材を探している。町の景色の中に空想の世界を見つけ、膨らませ、物語を創り出すのである。ある学生は、千光寺からイメージした「千の光を見たものは幸せになる」という言い伝えを土台にして新たなストーリーを作った。また、ある学生は、栗原川の桜並木に精霊を宿らせた。

尾道大学の学生と光原先生が書いた『尾道草紙』は、尾道の人はもちろん、全国の尾道ファン、光原ファンから好評を博した。

翌二〇〇七年春には、めでたく第二号が刊行された。そして、同年秋には、尾道ベッチャー祭りをテーマにした物語だけを集めて、『別冊尾道草紙／尾道ベッチャー祭り』が刊行された。

尾道ベッチャー祭りは、お囃子の太鼓にのって、ベタ、ソバ、ショーキーの三面の鬼神が子どもたちを追いまわし、「ササラ」で叩いたり、「祝棒」で突いたりする変わった祭りである。叩かれると頭が良くなり、棒で突かれると病気にかからなくなったり、子宝に恵まれるという言い伝えがあるが、小さい子どもは、そんなことは知ったこっちゃない。あまりの怖さに泣き叫び、逃げまわる。大人たちは、厄除け祈願に「うちの子も叩いて」と子どもを差し出したりする。怖い鬼神から守ってくれると信じていた親によって差し出された子どもは、たまったものではない。こんな感じで町を練り歩く。あちこちで悲鳴や笑い声が響きわたり、追いかけたり逃げたり忙しい。

尾道の人たちは、尾道ベッチャー祭りに怖くて楽しい思い出をいくつも持っているのだ。尾道ベッチャー祭りは今年で二百年を迎えた。『別冊尾道草紙／尾道ベッチャー祭り』は、その記念に刊行されたのだ。ベタ、ソバ、ショーキーを主人公にした話や、祭りの思い出を語る作品など、いろいろな物語が登場する。

これらの物語を二百年後の子どもたちが読んでくれたらいいのに。そんなことを考えるだけでわくわくする。

民話は語り継がれるものであり、本は後世に残すためにあるのだ。『別冊尾道草紙／尾道ベッチャー祭り』の表紙の中で暴れるショーキーを見ながら、つくづくそう思った。

小林和作と包装紙

尾道名誉市民である画家、小林和作（一八八八〜一九七四）を偲ぶ和作忌法要が、毎年十一月四日に営まれる。この日は尾道で、記念講演会が開かれたり、芝居公演があったり、メインストリートでは、和作や弟子、孫弟子たちの作品が展示されるなど、三十年もの間、いろいろなイベントがおこなわれてきた。小林和作がそれほど尾道の多くの人から愛されてきたということだろう。

小林和作は山口県秋穂村で生まれた。家業を継がず、絵描きを夢みて京都の美術工芸学校に進み、その後、上京し、本格的に画家を目指した。

やがて父が死に、多額の遺産を相続した和作は大金持ちになる。豪邸に住み、名画を買いあさり、後輩たちを連れては豪遊し、「富豪画家」、「田舎大臣」と呼ばれた。

ところが一九三一年世界大恐慌の年、財産管理をしていた弟が手を出した相場で失敗し、小林家は破産してしまう。家を失い、集めた名画を売り払い、そしてあれほど和作を慕っていた仲間が離れていった。金の切れ目が縁の切れ目である。結局、和作に残ったのは「絵を描く」ことだけだった。

何もかも失った四十五歳の和作は、東京を離れ、新しい人生を歩もうと決心する。かといって故郷に帰るわけにもいかず、学生時代の後輩がいる尾道に移り住むことになったのだ。

山があり、海があり、島があり、画材に富んだ尾道で、和作はまさに息を吹き返したのだと思う。自然を愛し、鮮やかな色で描く和作の作品は、美術界で高い評価を受けるようになっていった。

「油絵を教えてほしい」と集まってきた人たちを相手に絵画教室も始めた。和作に金が無くても、尾道の人たちが集まってきたことが何より嬉しかったはずだ。和作は尾道の風景だけでなく、尾道の人とのふれあいにも喜びを感じるようになる。

西國寺持仏堂の改修をすることになった時、和作が張り替えたふすまに絵を描いた。改修費用が随分かかるだろうから参拝客が少しでも増えればと和作自身が申し出たそうだ。そのおかげで参拝客がどっと押し寄せたのは言うまでもない。

晩年の和作は書に凝った。頼まれれば、親しい友人、知人宅のふすまに絵や書を書いた。お礼は天井一杯でいいと言ったものだから、我も我もとあちこちでふすまを張り替えはじめ、大変なことになったらしい。かつて「富豪画家」と呼ばれた和作は、尾道では「天井画伯」という名で親しまれた。

小林和作は、啓文社の常連客だった。随分長い時間をかけて本を選び、いつもたくさんの本を買った。店員が本を包もうとすると「包装紙はいらないよ」と言って、裸のまま持ち帰った。

店主、手塚景三が、「そんなにうちの包装紙が気に入らないのなら、和作先生に包装紙のデザインを描いてもらおう」と思い立ち、息子、弘三を和作の家に向かわせた。和作は、「啓文社の包装紙が気に入らないからじゃない。ただ、紙がもったいないから要らないと言っただけだよ」と説明した。それでも結局、快く引き受けてくれて、包装紙用と表紙カバー用の二種類を描きあげた。今でも使っている和作が描いた包装紙は、啓文社にとって自慢の包装紙である。

後日、弘三は、和作宅を訪ね、「謝礼」と書いた熨斗袋を渡した。和作は「ありがとう」と言って受け取り、奥に入り、新しく「御礼」と書いた袋を持ってきた。もちろん弘三は「とんでもない」と断ったが、和作は「勘違いしないでほしい。これはいつも親切に応対してくれる店の人たちへの、私の気持ちだ」と言った。

持ち帰り、開けてみたら、弘三が持っていった金額がそっくり入っていたそうだ。

和作にはこんなエピソードもある。

和作は、東京の大学に進学することになった少年に「小遣いに困ったらこれを銀座のN画廊に持っていけ」と自分の作品を渡したという。休みに帰省する度に渡された作品を、N画廊に持っていくと一枚で一学期分の学費になった。

和作の援助のおかげで無事大学を卒業した学生が、礼を言いに行くと、自分が売ったはずの絵が和作の部屋に置いてあった。和作はN画廊に「学生が私の絵を売りに行くからよろしく。ただし、私が買い戻すから他には売らないでほしい」と伝えていたのである。

和作がいなければ、進学を諦め、働くことになっていたに違いない。彼は、大学を出た後、テレビ局に就職し、やがて放送作家として独立した。その後、脚本を手掛けたテレビドラマがヒットし、多くの賞を受賞し、売れっ子作家になった。

小林和作は、尾道に優れた作品を残しただけでなく、若い画家や学生への支援も惜しまなかったのだ。

わたしはこうしたエピソードを講演会で学んだり、啓文社の手塚景三前会長、弘三現会長から聞いたりして知ったが、中でも、『評伝　小林和作　花を見るかな』（創樹社）に、くわしく書かれており、おもしろく読んだ。

その著者、高橋玄洋氏こそ、和作の絵のおかげで大学を卒業した学生である。

尾道の双子漫画家

尾道を愛し、尾道の人に愛された画家、小林和作。

わたしが和作さんの功績を知ったのは、既に亡くなられた後である。しかし、『評伝 小林和作 花を見るかな』を読んで大好きになった。だから尾道の若い人もこの本を読んで和作の魅力を知り、大好きになってほしいと思った。

和作忌実行委員会の皆さんも同じことを考えたに違いない。そこでアイディアとして出たのが、『評伝 小林和作 花を見るかな』のコミック化だった。活字を見ただけで目を背ける若者も多いなか、漫画なら気軽に読んでもらえるだろう。問題は誰にコミックを描いてもらうかだ。尾道には、地元出身の漫画家、かわぐちかいじさんがいるが、連載をいくつも抱え、とてもそんな余裕はない。そこで白羽の矢が立ったのが尾道で石油会社を営む川口協治さんだった。協治さんとかわぐちかいじさんは一卵性双生児。尾道の対岸にある向島で生まれ育った。双子の兄弟だから仲が良くて、いつも何をするのも二人いっしょ。庭をキャンバス代わりに釘をペン代わりにして絵を描く時も、貸本漫画に夢中になった少年時代も、いつもいっしょだった。もともと絵の才能がある血筋だったようで二人ともめっぽう上手かった。

いつもいっしょの二人が離れたのは大学進学の時である。思えばこれが運命の別れ道だったのかもしれない。かいじさんは明治大学に進み、多くのプロの漫画家を輩出した漫画研究会に入ったが、協治さんが入学した東洋大学には漫研がなかった。協治さんはそれでも同好会を立ち上げようと奔走したがうまくいかず、結局、軽音楽部に入った。

大学を卒業する時、どちらが家業を継ぐために尾道に帰るかを決めなければならなかった。どうやって決めたのかはわからない。一説にはジャンケンで決めたという噂もあるが、いずれにしても二人だけで決め、結局、協治さんが尾道に戻り、かいじさんは東京に残ったのである。そんな協治さんは、家業の傍ら四コマ漫画を執筆し、『団塊くん』などの著作もある実力の持ち主である。

というわけで、コミック版『小林和作伝　花を見るかな』は、協治さんが描くことになったのだ。

執筆中の協治さんには鬼気迫るものがあったという。何かに取りつかれたようにただひたすらペンを走らせた。それはかつて手放した夢を取り戻そうとしたのかもしれない。小林和作さんや高橋玄洋さんやかわぐちかいじさんの思いを背負うかのように、一心不乱に描きあげた。

完成した原稿は、広島の出版社から刊行され、啓文社の店頭にも並んだ。地元尾道では売上ランキングに何週も続けて名を連ねるほどの人気ぶりだった。

さらには、尾道市の新成人にも記念品として配られた。

尾道の若い人たちにも小林和作さんを知ってもらいたい。和作忌実行委員会の願いは見事成就したのである。

かわぐちきょうじ作『小林和作伝　花を見るかな』(ガリバープロダクツ)。

帯には、こんな文章が書かれている。

その生き様をこんなに面白く描けるかわぐちきょうじは天才である。

くやしいけれど実の兄が云っていることだ
まちがいない。

かわぐちかいじ

かわぐちかいじのこと

かわぐちかいじさんのことを書こうと思う。

かいじさんは、一九四八年生まれ。尾道が生んだ偉大なる漫画家である。一九八七年に、『アクター』で第十一回講談社漫画賞を受賞した。その後も、一九九〇年、『沈黙の艦隊』で第十四回講談社漫画賞、二〇〇二年、『ジパング』で第二十六回講談社漫画賞を受賞。さらに、二〇〇六年には、『太陽の黙示録』で第五十一回小学館漫画賞と第十回文化庁メディア芸術祭マンガ部門大賞を受賞している。

講談社漫画賞を三回も受賞した漫画家はいないし、講談社漫画賞と小学館漫画賞の両方を受賞した漫画家もかいじさん以外にいない。それだけをとっても「偉大なる漫画家」と評したことが決して大袈裟でないとわかってもらえるはずだ。

わたしが初めて出合ったかわぐちかいじ作品は、『アクター』。

無名の大衆演劇の女形からいきなり超大作映画の主役に大抜擢された荒削りながら稀有な才

能を感じさせる俳優は、頁の中でひと際輝いていた。彼の登場により脇役にまわらされ、プライドをズタズタにされたスター俳優をはじめ、監督や製作スタッフなど特殊な世界で生きる、独特な人間ばかりが描かれていて衝撃的だった。

たちまち、かわぐちかいじ作品のファンになったわたしは、他の作品を探しては片っ端から読むことになる。時代もの、麻雀もの、ヤクザもの、いろいろあったが、どの作品にも破天荒ながら憎めない男がいきいきと描かれていた。

かいじさんが、『アクター』で講談社漫画賞を受賞した年、わたしは初めてかいじさんにお会いすることができた。啓文社コア春日店のオープニング・イベントで、かわぐちかいじ・きょうじ兄弟がお客さんの中からご希望の方の似顔絵を色紙に描くというイベントをおこなったのだ。いかに地元出身とはいえ、講談社漫画賞受賞作家にすごいことをさせるなあと、自分の会社の大胆さに驚いたことを覚えている。そして、かいじさんもよく引き受けてくださったなあと思った。

この疑問はやがて晴れた。

漫画を唯一の表現方法としてきたかいじさんが一度だけ執筆した自叙伝『回想　沈黙の団塊世代へ』（ちくま文庫）の中に、その答えがあった。

かつて、かいじさんにもスランプというか行き詰まった時期があった。発表した作品が不発に終わり、打ち切りが続いていた。

そんなかいじさんの前に現れたのが、同郷である啓文社の手塚弘三会長（当時は社長）である。

「開治君、これから出版社を一緒に回ろう」

そう言って、講談社、小学館、集英社の編集部に挨拶をしてまわったそうだ。仕事につながればと紹介して歩いたのだ。その姿に悲壮感はまったくなかったという。

故郷、尾道にこんなに元気な人がいる。自分だけが疲れているわけにはいかない。かいじさんはこう思ったそうだ。

やがて転機は訪れる。初期の代表作ともいえる『プロ』の連載が始まり、新境地を開く。さらには、講談社から創刊誌『コミックモーニング』の連載をとオファーがやって来たのだ。『回想 沈黙の団塊世代へ』を読み、こうしたエピソードを知って興奮した。なるほど、そんな手塚会長からのイベント協力の依頼なら断るはずもなかったのだ。

もし、かいじさんと手塚会長がいっしょに出版社をまわらなければ、わたしが虜になった『アクター』や『沈黙の艦隊』など、生まれなかったかもしれない。

とすれば、わたしは手塚会長に感謝しなければならない。

待っていた「答え」

地方・小出版流通センターは、その名のとおり、地方の出版社や小さな出版社の書籍・雑誌を円滑に流通させるために設立された会社である。地方にある出版社の刊行物はその多くが地元の書店で販売されるだけだが、このセンターのおかげで、地方の出版社や、取次会社と口座を開設できない小さな出版社の書籍や雑誌が、全国の書店で手に入れることができる。

地方・小出版流通センターが取り扱っている雑誌のリストを眺めていて、見たことも聞いたこともない雑誌があまりにも多く、驚いた。長い年月、書店員をしていながら、知らない雑誌のいかに多いことか。キャリアと知識は別物なのだと打ちひしがれる。

それにしても、世の中には奇妙な専門誌があるものだ。打ちひしがれつつも、その幅広さ、奥深さに感動した。爬虫類・両生類の専門誌、おりがみの専門誌、昆虫の専門誌、お酒の専門誌……。

「最近、知ったのだけど、めだかの専門雑誌があるんだよ」

感動をおすそ分けするつもりで、同僚や仲間たちに教えてあげた。しかし、彼らは異口同音に「へえ。でも売れないだろうね」と答えるのだった。

手塚会長にも、雑談の最中に話してみたところ、こう返ってきた。

「うちにその雑誌を置いたら、好きな人がそれを見つけて、きっとすごく喜んでくれるだろうな」

そうなのだ。この言葉こそ、わたしが待っていた〝答え〟だった。

商売をしているのだから、売れるとか儲けるというのはとても大事な前提だが、それよりも、わたしたちがまず想像し、期待しなければならないのは、その雑誌とお客さんとの運命の出合いではないだろうか。

広島県福山市で生まれ育った戸田拓夫さんは、現在、日本折り紙ヒコーキ協会の会長である。会社を経営しつつ、福山市にある紙ヒコーキ博物館館長を務めている。福山市の北にある神石高原町に「紙ヒコーキ・タワー」を作り、全日本折り紙ヒコーキ大会を開催し、事あるごとに子どもたちを集めて折り紙ヒコーキの作り方と素晴らしさを教えている。『飛べとべ、紙ヒコーキ』（二見書房）、『スーパーおり紙ヒコーキ』（いかだ社）をはじめ数多くの折り紙ヒコーキの本も出している。

戸田さんが今、入れ込んでいるのは、紙ヒコーキを宇宙から飛ばして地球に帰還させること。

そんな夢みたいなことを、東京大学大学院の航空宇宙工学を研究するメンバーたちと大真面目に実験を重ねながら実現させようとしているのだから驚きだ。

戸田さんをすっかり病みつきにさせた折り紙ヒコーキ。出合いは一冊の本だったという。書店でたまたま見つけた折り紙ヒコーキの本を手に取って、あっという間に紙ヒコーキの虜になったそうだ。それが今では、ハサミやのりなど一切使わない純然たる折り紙ヒコーキ部門での手投げ室内滞空時間の世界記録保持者である。

八つの会社を経営していて多忙な身であるにもかかわらず、子どもたちに折り紙ヒコーキの楽しさを教えるための時間と、自分の夢を叶えるための労力は惜しまない。

戸田さんが書いた折り紙ヒコーキの本を読んで、のめり込んだ子どもによって、戸田さんの世界記録が破られる日が来るかもしれない。

本とはそんな夢みたいなことを現実に変える力を持っている。

本は、作る人のもとを旅立ち、流通させる人の手を通り、書店を経由して、読む人の手に渡る。出合いの場である書店の売場にどの本を置き、どの本を置かないかの決定権を書店員は持っている。心してかからなければならない。

今野敏の空手塾を見学する

『警官の血』（佐々木譲）、『果断』（今野敏）、『悪果』（黒川博行）の三作品が『このミステリーがすごい！　2008年版』（宝島社）の国内編ランキングに名を連ねたことは、警察小説ブームの到来を実感させる出来事だった。

大田垣専務の指示を受け、すべての文庫出版社から警察小説の作品リストを集め、各店で警察小説コーナーを展開しはじめていた頃、『果断』が、山本周五郎賞と日本推理作家協会賞（長編および連作短編集部門）を立て続けに受賞した。実力は誰もが認めていながら、なぜか陽の当たらない作家と言われていた今野敏さんが遂に脚光を浴びた。

啓文社をよくご利用くださっているSさんから「今野敏さんは空手を教えに二か月に一度のペースで福山市に来ているのだよ」と教えてもらった。くわしく聞いてみると、今野さんは作家でありながら、空手道「今野塾」を主宰する武道家であった。

空手道今野塾のホームページによれば、東京の中目黒に本部道場がある他、ロシア支部、調布支部、第三新東京支部、大阪支部、岐阜支部、そして福山支部があるようだ。

福山支部が誕生した経緯は、今野さんの自伝エッセイ『琉球空手、ばか一代』(集英社文庫)にくわしい。

ある日、今野さんに「どこで指導を受けることができますか」と福山市に住むOさんからメールが届く。西日本には大阪にしか支部がないことを伝えると、Oさんは大阪まで通いはじめたそうだ。あまりの熱心さに「会員を五人集めれば支部として認めて、福山まで指導に行きますよ」と言ったところ、メンバーを集めてしまったという。

今野さんは、当初、毎月、指導に来ていたそうだが、最近はさすがに忙しくて二か月に一度のペースになっている。土曜日に大阪支部で指導し、その夜、飲み会をして、日曜に福山で稽古。そして夜はまた飲み会というのがだいたいのパターンだ。

やがて、Sさんが、今野塾福山支部長であるOさんをご紹介してくださった。Oさんは今野さんの空手の弟子ということになるが、同時に、今野作品の熱烈なファンでもあった。SさんもOさんも、刊行された作品はもちろん、連載のある雑誌や今野さんの特集やインタビュー記事が掲載された新聞、雑誌まで、とにかくくわしい。記事の切り抜きを持ってきて、「これを飾って売場を目立たせてはどうか」とアドバイスしてくださる。また、「どうしてこの文庫のコーナーに受賞作の単行本を置かないのですか」や、「今野さんは警察小説以外にも傑作が多いのだから、それらもいっしょに並べるべきではないですか」というご意見をいただくこともあった。今野さんにとっても、啓文社にとっても強力な応援団だ。

「今度の日曜の稽古は、今野先生が指導に来られます。よかったら見学に来ませんか」

いろいろとご迷惑をおかけすることが予想できたが、Oさんからのお誘いの言葉に甘えることにした。

稽古場である福山市武道館は、福山城のすぐ近く、護国神社に隣接していた。建物まで長い石段がある。車椅子のわたしを、今野塾の皆さんが数人がかりで担ぎあげ、登ってくれた。玄関に到着し、ほっとしていると空手道場は三階だという。エレベーターがないので、再び、担ぎあげてもらってようやく三階に辿り着く。

初めてお会いする今野さんは、背が高く、やや細身だが、服の上からでも鍛え抜いた筋肉質のからだがよくわかった。

今野塾長が見守るなか、準備運動や基本の型の練習が始まった。真夏の稽古場は窓を開け放っているとはいえ、蒸し風呂のようだ。おまけに、さっき、わたしを担いで三階まで上がってきたばかりだから、汗が滝のように流れている。

いよいよ、今野塾長の指導が始まる。

竹刀を振りまわし、怒鳴り散らしながらの稽古だったらどうしようと心配していたが、今野さんは、アナウンサーのように透き通った声でメロディーを奏でるように号令をかけた。今野塾長の掛け声に合わせ、十人の塾生が何種類もの型を舞うように練習する。それは、力強さだけでなく、流れるような美しさが感じられる。

「この動作の時にはもっと膝を高く上げて。沖縄は草むらが多いので摺り足は適しません。場面、場面で戦い方が違ってくることを忘れないように」

基本の型の練習なのに、実戦に即した具体的な説明が入る。戦うためのトレーニングなのだとあらためて納得する。すべてが理に適った攻撃であり、防御なのだ。わたしは空手をやったこともなければ、見るのも初めてだが、練習の一つひとつから空手の底知れぬ深さを感じた。わずかな時間、練習を眺めているだけでこうなのだから、いったいどこまで奥が深いのか。

暑くて熱い三時間半の稽古が終わり、塾生の皆さんは、疲れているにもかかわらず、再び、わたしを担ぎあげ、階段を降りてくださった。

稽古の後は恒例の飲み会だそうで、居酒屋にごいっしょした。

稽古の間に塾生の皆さんの名前と顔はしっかり覚えた。一番遠くからの参加は熊本県からで残念ながら稽古が終わると帰られた。唯一の女性塾生は広島市からの参加、その他、岡山から参加している人もいた。年齢も職業も住んでいる場所もばらばらだが、空手を愛する気持ち、稽古に対する真摯な姿勢は皆同じ。強い一体感を感じた。

居酒屋では、途中から今野さんが隣に座ってくださったので、お話を伺うことができた。稽古や飲み会での様子を見ながら、思いついたことがあったので訊いてみた。

「今野塾には警察の方が何人かいらっしゃいますよね。空手を通じて警察の方たちとの人脈ができて、いろんな話を聞けるから、それをヒントにして警察小説を書くようになったのですか」

我ながら良いところに気がついたと思ったのだが、

「それは違います。彼らから読んだ感想を聞いて参考にするくらいかな」

と、あっさり否定された。

飲み会での話を聞いていると、実際、警察組織の内情から拳銃の種類や使い方まで一番くわしいのは今野さんで、現役警察官でさえ、今野さんの知識の広さと深さに感心している場面が多くあった。

この日は、飲み会の後にカラオケというコースだったが、わたしはここで失礼することにした。

帰宅して余韻に浸っていると、Sさんからメールが届いた。

「今日はお疲れさま。今、先生が『兄弟船』の替え歌を歌っています。そろそろお開きも近そうです」

稽古中の掛け声を思い出しながら、今野さんの歌を聴く機会を逃したことを少し悔やんだ。

島田荘司と接近遭遇

二〇〇六年十月、都内のホテルで催された鮎川哲也賞・ミステリーズ！新人賞贈呈式に出席した。東京創元社が主催するこの贈呈式は、書店員もそうだが、ミステリ作家、そして各出版社の編集、営業部員が大勢、出席している。

ここ数年、コア福山西店で文芸書を担当している三島君といっしょに参加させてもらっている。三島君は自他認めるミステリ・ファンで、全国各地でおこなわれるミステリに関するイベントに参加しており、ミステリ・サイトを運営している。そのせいで会場内では、とにかく知り合いが多い。そして次々といろんな人を紹介してくれるのだ。

「こちら、作家の〇〇さんです」

「『月刊〇〇〇』の編集をしている〇〇さんです」

緊張して紹介してもらうわたしを尻目に、三島君は、「じゃあ、また今度、お会いしましょうね」などと親しげに手を振る。ここだけの話だが、明らかに職場よりいきいきしている。

ステージの横に、鮎川哲也賞選考委員である島田荘司さんの姿が見えた。たくさんの人に囲まれていてよく見えないが、あの風貌、あの横顔は間違いなくそうだ。

「三島君は島田荘司さんとは知り合いじゃないの」

「話したことないです」

「じゃ、これからちょっと挨拶に行こう」

「ええー、やめておきましょうよ」

島田荘司さんといえば、ミステリ界の大御所。熱烈ミステリ・ファンの三島君にとっては雲の上の人というところだろう。しかし、わたしにとって、福山市出身の島田荘司さんは、それだけで最も身近な存在だ。

「福山から来たって言えば、絶対、喜んでくれるはずだから」と言って、ステージ横の人だかりに向かった。

次から次へといろんな人が島田荘司さんのところに来て話をするので、なかなか近づけない。車椅子は人混みが苦手なのだが、いつまでも尻込みしているわけにいかない。ようやく、接近に成功し、談笑の切れ間を見つけて話しかけた。

「こんにちは、福山から来ました。啓文社の児玉といいます」

島田荘司さんは啓文社という言葉にしっかりと反応してくださった。さすが、福山市出身。

他の人だったら、啓文社？

「京王グループの？」「いえ、それは啓文堂」

「京都にある？」「いえ、それは恵文社」

「出版社？」「確かに同じ字の人文書出版社がありますが」

と、こうなることが多い。地方書店のつらいところだ。

思わぬ所での同郷の出現に、島田荘司さんはとても喜んでくださった。隣の三島君も感激している。

「以前から構想を練っていた福山市主催のミステリー文学賞がいよいよ来年には実現できそうですよ」

島田荘司さんがそう教えてくれた。

何年か前、福山市で講演会をした時に「福山ミステリー文学賞（仮）」を創設し、福山市と日本のミステリ文学界の活性化に役立てたいと話されていたことを記憶しているが、その時はあまりにも突飛で壮大な計画に思え、半信半疑だった。それがもうすぐ実現するというのだ。既に福山市長の了解も取り付けており、受賞作は、講談社、光文社、原書房によって交代で単行本化されることも内定しているそうだ。

おそらく、島田荘司さんが、相当な熱意で、心血を注ぎ、実現まで漕ぎつけたに違いない。

三島君が言っているとおり、島田荘司さんは日本のミステリ界の重鎮ともいえる存在だ。けれども、今も若い作家に負けないくらい精力的に新作を発表している。そして、ミステリの発展、故郷、福山の発展を心から願っていて、そのための尽力を惜しまない。島田荘司さんが書いたものを読み、話してきたことを聞いてさえいれば、誰でも知っている事実だ。特に、『季刊 島田荘司Vol.4』(原書房)などは、福山に対する愛が満ち溢れている。わたしはこうした本を読むたびに、誇りに思い、尊敬の念を膨らませてきた。

「お手伝いできることがあれば何でもしますから」と言うと、「じゃあ、応募作の下読みをお願いしようかな」と微笑んだ。最後に、「まだ、公表できる段階ではないから口外しないで」と口止めされた。

その日の夜は、島田荘司さんに会えて、しかも福山のミステリー文学賞の計画を聞いたせいで、興奮して眠れなかった。

半年が経ち、二〇〇七年四月、「島田荘司選　第一回ばらのまち福山ミステリー文学新人賞」創設の記者会見が開かれた。確か、この日も眠れなかった。

いよいよ、大イベントがスタートするのである。眠ってなどいられようか。

福山ミステリー文学新人賞スタート！

広島県では広島市に次いで二番目に人口が多い福山市。歴史上重要な拠点であった鞆の浦があり、草戸千軒という有名な遺跡があり、文豪、井伏鱒二が生まれた町である。にもかかわらず、全国的に有名なのはむしろ、お隣の尾道ではないか。そう嘆く人が少なくない。

そんな福山が、「島田荘司選　第一回ばらのまち福山ミステリー文学新人賞」によって、その名を全国に発信することになる。創設は、福山市の認知度を間違いなく高めてくれるだろう。

この「島田荘司選　第一回ばらのまち福山ミステリー文学新人賞」は、まったくの新作長編小説を一般から募り、受賞作はすぐに出版されることが決まっている。地方の賞としてこれほど本格的なものは今までない。審査員が島田荘司さん一人というのも大きな特徴の一つだ。

実は、もう一つ珍しい試みがされているが、そのことは後で話すことにする。

とにかく、福山発の文学賞の第一回を何としても成功させたいと思った。主催者である福山市はもちろん、町全体が協力して盛り上げなければならない。実行委員会から、ポスター、幟、チラシをたくさん分けてもらって、啓文社全店で掲示した。

コア福山西店では、三島君に「賞を盛り上げるためのブック・フェアができないかなあ。選書を任せたいのだけれど」と相談したところ、さっそく立案し、リストアップをしてくれた。島田荘司さんのミステリ作品、評論集、監修者として参加したものを中心に集め、「日本ミステリー文学大賞新人賞」と「鮎川哲也賞」の歴代受賞作の中から、島田荘司さんが選考委員をやった回の作品を追加した。リストにはそれぞれの作品について内容や選書の意図が丁寧にまとめられていた。ミステリ・ファンにも、ミステリと縁がなかった人にも、本格ミステリの醍醐味を味わうことができ、「ばらのまち福山ミステリー文学新人賞」に応募しようという人にはとても参考となる本が集まっていると思う。

ポートプラザ店、蔵王店など他の店も競うように次々とオリジナルのフェアを開催した。

さて、先にふれた「島田荘司選　第一回ばらのまち福山ミステリー文学新人賞」のもう一つの特徴は、第一次選考の選考委員を広く全国から公募するということである。

文学賞の選考は、作家、編集者、書評家がやる場合が多い。書店員の選考による「本屋大賞」はあるが、一般の人が選考に関わる賞など前代未聞だ。一般から公募するということは、読者が選ぶということ。熟練したプロの作家でなく、新人の作品をいきなり単行本にするという大胆な前提があるから、あえて読者の目に、感性に委ねようと考えたのではないか。

一般公募の知らせを聞いて、わたしの脳裏に蘇ったのは、あの日、島田荘司さんから言われた言葉、「応募作の下読みをお願いしようかな」だ。あの時はまだ第一次選考は一般公募でということが決まっていなかったのだろう。わたしは島田荘司さんに約束したのだ。「お手伝いできることがあれば何でもしますから」と。だから、第一次選考委員に応募した。

応募には、プロフィールを含む自己アピールの他、「これまで読んだミステリー作品の中でのベストワンとその理由」をまとめなければならなかった。ここは本格ミステリでいくべきなのだろうなと思いながら、ミステリでありながら人間ドラマとして味わい深いとして、横山秀夫さんの作品を選んだ。

結局、全国から三十六人の応募があったと聞いたが、審査の結果、二十人に決まり、わたしもどうにか名を連ねることができた。

ふくやま文学館で、第一次選考委員への説明会が開催された。第一次選考委員は、広島県内十人、県外十人、女性十一人、男性九人。説明会にはそのうち十六人が参加した。熱狂的な島田荘司ファンであり、ファン・サイトを運営している人、作家志望の人、学校の先生、個性的ないろいろな人が集まった。隣に座った人はどこかで見たことがある女性だと思っていたら、人気情報番組のキャスターとして毎日テレビに出演している人だったので驚いた。みんなミステリが大好きで、この賞を素晴らしいものにしたいという気持ちが伝わってくる。

説明会では、島田荘司さんが直々に選考のポイントや、本格ミステリの定義などについて説明した。

興味深かったのは、「応募者と選考委員は対等である」という言葉。選考する側は得てして傲慢になってしまいがちだ。作品の不備や欠点ばかりを指摘し、減点してもしかたがない。本格ミステリとしての視点や全体の構成力などが優れていれば、少々の欠点など問題ないということを力説された。

説明会では質疑応答も長時間にわたり、活発な議論がかわされた。その様子にわたしはただただ圧倒されるだけで、島田荘司さんはあえて割って入らず、笑顔で見守っていた。応募者だけでなく、選考委員も真剣勝負だということがよくわかった。

審査表の書き方についても説明があったが、これには驚かされた。おもしろかったかどうかとその理由を書くのはまだしも、この作品はどういう仕掛けによって読者を驚かせようとしていたか、作者の意図していたミステリの構造設計、意図等についても書きなさいというものだった。審査表というより、レポート課題を出されたような気分になる。実際に選考する上で、これにはかなり悩まされた。第一次選考委員としての力不足は折り込み済みだと思うが、当事者としては責任の重さに押し潰されそうになりつつ必死で持ちこたえた。最後はひらき直って、精一杯、書き連ねるだけだった。

二〇〇八年五月十日に締め切られた「第一回　ばらのまち福山ミステリー文学新人賞」の応募作品数は九十三作品だったそうだ。わたしのところに届いた割り当ての応募作は、五作品。同じミステリとはいえ、どれも独特の世界を持ち力のこもった作品だった。

この後、講談社・光文社・原書房三社の編集者による第二次選考を経て、島田荘司による最終選考がおこなわれ、十月に発表される予定である。

受賞作はもうどんな作品でも構わない。自分のやれることはやり尽くしたのだから。

発表の時は泣くかもしれない。受賞者でもないのに変なやつと言われようとも。

書店事件簿篇

『日本の危機』から『半島を出よ』を探す

たった一日だけで、『半島を出よ』（村上龍／幻冬舎）の問い合わせが八件もあった。前夜の報道番組で特集されたことが原因だ。最近、テレビによる影響力の大きさを実感している。『半島を出よ』の八件の問い合わせには、正確な書名がわかっていたものは一件もなかった。これはテレビで観た本の問い合わせによくある特性だ。新聞や雑誌の書評、広告と違って、あとで書名などを確認するわけにもいかないから。

「たぶん『日本の危機』というタイトルだったと思うけど」

残念ながら、かすってさえいない。ここまで違うと、実は『半島を出よ』だったことが判明した時、お互いに照れくさい。他にも、「北朝鮮の本」、「九州が乗っ取られる本」、「村上ナントカさんが書いた話題の本」などなど。

本の内容がわかっていればそれをヒントに、正解に辿り着ける場合もある。さらに、「昨夜のテレビで紹介していた」との情報があれば何とかなる。わずかな手がかりから求める本を突き止めなければならないから、書店員には名探偵コナン並みの推理力が要求されるのだ。

横田増生さんが、著書『アマゾン・ドット・コムの光と影』（情報センター出版局）で、ネット書店の威力を痛感したのは、何より簡単に本を見つけることができるのに驚いた時だと書いている。書名、著者名、出版社名がわからなくても、フリーキーワード検索を駆使すれば、目当ての本を探し出せる。うまくやれば、リアル書店で店員に訊くより早い。

今では、リアル書店もネットで検索して探しあてることが多い。もはや、書店員にとってもインターネットを使いこなすことは必須アイテムとなっている。

しかし、いくらインターネットが使いこなせても「『日本の危機』という本がありますか」から『半島を出よ』に辿り着くことはやはり難しい。それでも辿り着けたのには理由はある。決して、書店員の中に、浅見光彦や御手洗潔がいたわけではない。昨夜の放送で『半島を出よ』を紹介したことが朝礼で話題になっていた。「だから、きっと今日はたくさんの人から『半島を出よ』を尋ねられるよ」と。さらには、変則的な問い合わせについてはその事例を店舗間で連絡を取り合い、すべてのスタッフの間でその情報を共有していたのである。

『だれが「本」を殺すのか』のインタビューの中で、ジュンク堂書店、工藤恭孝社長が、書店人の人材について「競争にもまれた人と、むずかしいお客さんをたくさんかかえたところは、やっぱり違う」と語っているように、書店員の知識は、どれだけたくさんの問い合わせを受けてきたかで決まるような気がする。書店員はお客さんからの問い合わせによって鍛えられる。だから共有することは重要なのだ。

新米書店員だった頃、「わたしに訊くな。わたしに訊くな。訊くなら、どうぞ他の人にしてくれ」と心で唱えながら仕事をしていた。この呪文のおかげで、店頭で問い合わせを受けることは少なかった。でも、よく考えると、頼りなさそうな立居振舞が原因でお客さんから避けられていたのだろう。そんなわたしも今では、他の書店に客として行っている時でさえ問い合わせを受けるようになった。だから、よその書店ではできるだけ平積みの乱れを直したり、飛び出たスリップを挟み直したりしないように気をつけている。

今、パソコンの前に座れば、チェーン全店でどんな本が売れていて、在庫がどれだけあるかがわかる。インターネットで、大手ナショナルチェーンやネット書店では何がベストセラーになっているかを知ることができる。こうしてパソコンの画面からさまざまな情報を手に入れることができるようになったが、最も大切な情報は、実は売場にある。だから、毎日、受けた問い合わせを大事に扱うことにしている。なぜなら、

事件は会議室で起きてるんじゃない。売場で起きてるんだ。

『電車男』の隣に置く本

インターネット巨大掲示板から生まれた『電車男』(中野独人／新潮社)が、ここに来て再び注目を集めている。コミックになり、映画になり、さらにはテレビや演劇も始まろうとしている。秋葉系オタク少年が繰り広げる純愛と、顔さえ知らぬ仲間たちとの友情物語は、形を変えて増殖している。

再燃する『電車男』をどこの売場でどのように売っているのだろう。気になって書店を見てまわった。見てまわってあることに気づいた。『電車男』の隣に置いてある本が微妙に違うのだ。

ある店では、『電車男』の隣は、『今週、妻が浮気します』(GoAhead&Co.／中央公論新社)、『痴漢男』(板野住人／双葉社)。いずれも、『電車男』に続けとばかりに出版されたインターネットで話題を集めたストーリーの単行本化だ。おもしろい本が並んでいるなあと思い、忘れないようにその場でメモを取った。「電車　男　妻が浮気　します　痴漢　男」。他の人に見られたりしたら品性を疑われそうで怖い。

また、別の店では、『エルメス』（戸矢理衣奈／新潮新書）と『エルメスの道』（竹宮恵子／中公文庫）を『電車男』の横に並べていた。電車男が想いを寄せる女性の通称「エルメス」から連想しているのだろう。

どこに視点を置くかで、本の並べ方や売場の作り方はどうにでも変わるのだからおもしろい。ヴィレッジヴァンガード、菊地敬一社長は、インタビューで、「棚を作ること」は「編集する」ということ、独自に生み出した陳列方法は「連想ゲーム」のようなものと話している。「連想ゲーム」は、隣に並べる商品群を増殖させ、お客の好奇心を増殖させ、その結果、ヴィレッジヴァンガードは増殖した。

棚を編集するために必要なものは何だろう。当たり前のことのように語られる「棚の編集」作業は、実はなかなか難しい。本の内容をよく知っていなければ連想できないし、いっしょに並べる本を探し出すには知識も必要になる。何よりセンスが必要だ。実際、編集された棚を探してみてもなかなか見当たらない。

それでもいくつか挙げてみる。

（A）『ダ・ヴィンチ・コード』（ダン・ブラウン／角川書店）＋『マグダラのマリア』（岡田温司／中公新書）

（B）『リセットダイエット』（篠塚蘭美以／幻冬舎）＋『脂肪と言う名の服を着て』（安野モヨコ／祥伝社）

組み合わせは異なるジャンルの方がおもしろい。

安藤哲也さんは、著書『本屋はサイコー！』（新潮ＯＨ！文庫）で、本と本が織り成す連関性やメッセージを楽しませる「文脈棚」には「本の置き場には『本籍』と『現住所』がある」という考え方が必要だと説いていて、この表現はとてもわかりやすい。編集された売場は、好奇心を刺激するメディアへと変貌を遂げる。安藤さん流の言い方をすると、棚の文脈をダイナミックに編集して一つの空間メディアとして見せるのだ。

（C）『渋谷ではたらく社長の告白』（藤田晋／アメーバブックス）＋『人を動かす』（D・カーネギー／創元社）

本のコーディネートは、電車男に仲間がアドバイスした、エルメスさんとの初デートにふさわしい服装「ジーパンに、コムサのインナー＋ジャケット」といったわかりやすく理解しやすいものばかりでないので、ＰＯＰも重要になる。『渋谷ではたらく社長の告白』の中で、藤田晋さんが「苦しい時代に『人を動かす』を熱心に読んだ」と告白していることや、いろいろなメディアで、影響を受けた本として『人を動かす』を紹介しているという情報を売場で展開した方が説得力を増すからだ。

とにかく、わたしたちは同じ本でも並べ方ひとつで売行きが変わることを忘れてはならない。「出版社が売れない本ばかり作るから」、「取次会社が欲しい本をなかなかくれないから」と、ともすれば、書店は売上が上がらない理由を出版社や取次会社のせいにするし、売れない理由を並べる時の書店はいつも受け身だ。

しかし、書店にもイニシアチブを取れることがある。「どこに置き、どのように置くか」と「何を、どれだけ返品するか」。この二つだけは、誰に何と言われようと自らの意志で決定し、実行することができる。この事実を再認識しておきたい。

そしてもう一つ忘れてはならないこと。

売場を編集していくことは、お客だけでなく、書店員にとって仕事の楽しさを増殖させる。

ダンちゃんを助けて！

「ダンゴムシの飼い方がわかる本がありますか」
ダ、ダンゴムシですか。わが耳を疑う。
「ダンゴムシにどんなエサをやったらいいかわからないので」
ダ、ダ、ダンゴムシにエサをやる？
ダンゴムシって、大きな石をひっくり返したら、「わあ、見つかっちゃった」みたいに、湿った土にまみれてゴニョゴニョしているあのダンゴムシのこと？

あんなものはエサなんかやらなくても、土に埋めておけば、勝手に腐った葉っぱのカケラでも見つけて食べるでしょ。

本屋のおじさん、ダンちゃんを助けてあげて。

お母さんの横に佇み、無言で訴える小学校低学年の女の子に気づき、わたしは、「あんなものはエサなんかやらなくても、土に埋めておけば」の言葉をあわてて呑み込んだ。

そういえば、先日はカタツムリの飼い方の本を訊かれたけど、この季節は変なムシがいろいろ出てくるから飼いたくなるのだろうか。

『育てて、しらべる日本の生きものずかん（4）ダンゴムシ』（布村昇監修／集英社）など、ダンゴムシを一冊にまとめた本が出ていないことはなかったが、あいにく店頭に在庫がない。いろいろ探しているうちに『改訂版 むし くらしとかいかた』（ひかりのくに）に二ページだけダンゴムシが載っているのを見つけた。それによると、ニボシとキャベツと落ち葉などをあげるといいらしい。わずか二ページなので、そこだけ立ち読みしても全部覚えられそうだったが、喜んで買ってくださった。でも、本当に喜んでいるのは、このやさしい親子の帰りを待っているダンちゃんだろう。

『毎日かあさん カニ母編』（西原理恵子／毎日新聞社）を読むと、サイバラさんちの息子もダンゴムシに夢中みたいだ。ただし、この息子は虫かごと携帯電話を間違えてしまい、折りたたみ式の携帯電話にダンゴムシを挟んで、潰してしまう。本当に虫かごと間違えただけで悪気はなかったはずだ。なにせ、この作品は、手塚治虫文化賞短編賞を受賞したのだから。パチパチパチ。

とにかく、ダンちゃんは、本当にラッキーだったとしか言いようがない。

ふと、『やぶにらみ科学論』（池田清彦／ちくま新書）に書かれていたエピソードを思い出した。

庭のサルスベリの葉にたかっていたシャクトリムシにウサ子という名をつけて飼っていたところ、引っ越すことになった池田清彦さん。引越先の家の庭にはサルスベリはなく、そうかといって、サルスベリを持っていくわけにはいかず、しかたがないから元いたサルスベリの枝に戻そうとしたところ、庭の木に巣を作ったヒヨドリが子育ての最中だった。ウサ子を庭のサルスベリの枝に付けて放置したら間違いなく、その日のうちに、ヒナのエサにされてしまう。もともとはそこにいたのだから、本来そうなる運命だったにせよ、三か月も飼っているうちに情が移ってしまっているから何とか助けてあげたい。鳥が虫を食べるのは自然の摂理であり、善悪の問題ではないことがわかっていても、感情を刷り込まれてしまった限り、そんな理屈は通らない。池田清彦さんは大いに悩む事態になったのだ。

もし、情が移ったのがヒヨドリの方であれば、悩むことなく、シャクトリムシを与えたかもしれないが。

昆虫園で生まれ、昆虫園しか知らない蝶は、自分の野外の仲間たちが、もっと広い空間をもっと速く飛んでいるのを果たして知っているのだろうか。

と、『やぶにらみ科学論』にはこんなことも書いてあった。

外敵がいない分、昆虫園の蝶の方が平和に長生きできそうだが、それでもこれを読むと果たしてどちらの蝶が幸せなのかわからない。

小学生の女の子は、本を読んで、ダンちゃんが実はエビの仲間だということを知る。それでも食卓に出されたダンちゃんの仲間のフライをおいしく食べるに違いない。ダンちゃんを飼うことで、二ページ分よりもはるかにくわしいダンゴムシの知識を得て、本では得られない何かを知り、学ぶだろう。それは、生態のしくみや自然の摂理のことかもしれない。生命の尊さや儚さかもしれない。そして興味の対象はきっと果てしなく拡がっていく。

新しい疑問にぶつかった時、何か別のものに興味を持った時にはまた書店に足を向けてほしい。その時に渡せる本を今度はたくさん揃えておきたいと思う。

子どもの限りない好奇心に応えていきたいから。

破り取られた文庫カバー

「昨日買ったこの本のことなんだけど」

お客さんはそう言ってレジカウンターに『点と線』（松本清張／新潮文庫）を置いた。よく見るとカバーの折り返しについている応募マークが破り取られている。「別に応募したいわけじゃないから応募マークはいらないけど、せっかく買ったのに破られているのはやっぱり嫌だから」

新潮文庫では、応募マークを必要枚数集めると希望の「Yonda? CLUB」グッズがもらえる。二十冊分集めると「Yonda? マグカップ」、三十冊分集めると「Yonda? トートバッグ」というふうに。

同じ本と交換するために売場に行くが、なんと売場にある本も応募マークが破り取られていた。

何とか破り取られていない『点と線』を見つけ、お客さんにお詫びして交換させていただいたが、『点と線』に限らず、応募マークが破り取られていた新潮文庫は十冊近くあり、泣く泣く売場からはずした。

それから数日後、文庫担当者がまた、応募マークが破り取られた新潮文庫数冊を見つけた。やられた。怒りを抑えながら、新潮文庫売場を撮った防犯カメラの録画をチェックすることに。開店直後に現れ、談笑しながら、新潮文庫を手に取っては元に戻し、結局、何も買わずに帰った二十代の男女二人組がちょっと怪しい。二度あることは三度ある。若いカップルが新潮文庫売場に来たら注意しておいてほしい、と各スタッフに申し伝えた。

万引き犯は成功すると、調子に乗って繰り返すので、何度もやって来る。少し前に、わたしたちが「木曜の女」と呼んでいた万引き常習犯がいた。毎週木曜になると、ボーイズラブ系のコミックや小説コーナーに現れる。新刊を中心に一冊ずつ手に取り、十冊ほど抱える。抱えたまま柱の陰に隠れたかと思うと、いつの間にか抱えた本は半分になっている。そして、また一冊ずつ手に取りはじめるのだ。それを繰り返し、最後は二、三冊だけをレジで買って帰る。

そこまでわかっているのなら捕まえればいいのだが、この常習犯が実に巧妙で、なかなか現行犯で押さえることができない。防犯カメラの録画で手口だけは確認できていてもだ。

ショッピングセンターの中にある書店では、未精算の本を鞄に入れても、ショッピングセンターの外に出ないと万引きしたことにならない。書店を離れ、別のショップに行っても、「あとで支払おうと思っていた」と言われるとそれまでだ。万引きする側もこういった事情を熟知している。

店員が見ている前で鞄に入れておいて、目を離した隙に、売場に戻し、わざわざ誤認逮捕を誘発する手口さえある。「木曜の女」もプロのように大胆かつ巧妙で、ショッピングセンターの中をぐるぐるまわったり、長い時間ベンチに座っていたり、そして、いつの間にか見失っている。

わたしたちも彼女がやって来る木曜日にスタッフと私服警備員を増員して臨戦態勢で対抗した。

長年、ジュンク堂に勤め、定年退職した渡辺満さんが書いた『なぜ人はジュンク堂書店に集まるのか』（自由国民社）においても、「万引きは書店にとって永遠の宿敵」とある。全国の書店が例外なく、万引きに悩み、日々闘っている。

事件の終わりはいつもあっけない。江戸川乱歩賞や鮎川哲也賞の受賞作のように、いくつもの伏線が鮮やかにトリックを浮かびあがらせ、感動的なまでに謎が解き明かされるラストというわけにはいかない。

「木曜の女」はこの週に限ってなぜか月曜に現れ、そしてあっけなく捕まった。

「Yonda?」グッズの応募マーク犯は、若いカップルではなく、近所の会社に勤める五十代の支店長だった。昼休憩に来店し、「Yonda?」グッズ欲しさにせっせと新潮文庫を買っていたが、「Yonda?」グッズのコレクションに熱が入り、そのうち、買わずに、マークだけを破り取って帰るようになったという。捕まった時に支店長の腕に巻かれていた「Yonda? リストウォッチ」が印象的だった。支店長はこれをきっかけに会社を辞めることになった。今まで頑張ってきて手に入れた地位を瞬時にして失ったのだ。万引きの代償は大きい。そのことをイメージできていれば、万引きなどしなかったはず。

それにしても、理性と冷静な判断力を奪った「Yonda? CLUB」の魅力、恐るべし。

コミック売場では売れないコミック

コミック売場に置くと売れないコミックがある。

たとえば、『失踪日記』(吾妻ひでお/イースト・プレス)。たとえば、『きょうの猫村さん』(ほしよりこ/マガジンハウス)。ベストセラーであるにもかかわらず、コミック売場では売れないコミックは存在する。

理由は、通常、コミック売場には行かない人たちが買っているから。「コミック売場では売れない」と言ったが、正確にはコミック売場でも売れていないことはない。売れにくいのは事実。それはコミック売場にはいくつかの難関があるからだ。まず、コミック売場のコミックはシュリンクをしているので読めない。多くの書店が、内容を確認したい方には、遠慮なく言ってくだされば、シュリンクをはずして中をご覧いただくというスタンスだが、お客の立場からすると、なかなか言えるものでもない。人気雑誌に連載していたり、巻数ものだったり、テレビアニメ化、ドラマ化されている作品ならともかく、『失踪日記』や『きょうの猫村さん』のように、突然登場し、口コミで拡がってきた作品は、中身を見て、好みに合っているかどうかを確かめなければ、なかなか購入しにくい。

かといって、こういった作品だけをシュリンクしないという方法はとても危険だ。同じ売場にシュリンクされているものとシュリンクされていないものがあれば、シュリンクされている商品も、必ず、無断で開けられてしまう。整理整頓されている売場は、本を元の場所にきちんと戻してもらえる確率が高いが、乱れている売場では、乱雑に扱われるのと同じである。

もう一つの難関。コミック売場の新刊コーナーやエンド平台は、大手出版社による人気シリーズの新刊、テレビ化作品の指定席である。もちろん、コミック担当者は自店のオリジナルの売れ筋商品を発掘したい、PRしたいと試みるが、長い時間をかけて結果を出すにはあまりにも売場が狭すぎる。それほどにコミックの新刊が多く、巻数が長い。

要するに、コミック担当者の多くは、『失踪日記』、『きょうの猫村さん』のような単発ものには明らかに冷たい。話題作になるか、もしくは売り手として強い意志がなければコミック売場で大々的に展開されることは難しいのだ。

かつてないほどパワフルでユニークなコミック作品が現れた。そんな噂を耳にし、実際に読んでみて、これはコミック売場でなく話題書のコーナーで、シュリンクすることなく内容が確認できる状態で売ろうと判断した書店はさらに売り伸ばしたはずである。

「ポプラ社から怪盗ルパンの全集が出たって聞いたのだけど、どこの書店を探しても見つからないんだよね」という声を聞いた。今年は怪盗ルパン生誕百年にあたる年であり、映画「ルパン」も公開されたのだから、ないはずはないだろうに。

「ほとんどの書店の児童書売場にあるはずですよ」と答えると、すごく驚いた顔をされた。児童書コーナーは、子どものための本を置いている売場。あの名作ミステリは、子どもから大人まで幅広い層に読まれるはずだから、児童書コーナーに置くのはどう考えてもおかしい。だから児童書コーナーを探すわけがないじゃないか。うーん、なるほど。

ポプラ社『文庫版 怪盗ルパン』（全二十巻）は、ルビをふっているし、子どもが理解しにくい言葉にはわざわざ注釈を入れている。さらに言うと、『813の謎』（南洋一郎訳）は、原作にある無実の人間が処刑される場面が変えられているが、これは、少年少女向きの物語としてふさわしくないと考えたためだと思われる。

書店員が内容を確認すればするほど、児童書に並べたくなる作品だ。それでも、この人の言い分もよくわかる。

『花を売らない花売り娘の物語』（権八成樹／光文社）というハイタッチ・マーケティング論を説いた本に、「人は花が欲しくて花を買いに来たのではない」と書いてある。

何だか禅問答のような言葉だが、続きを読めば納得できる。

ある人は、入院をしている人へのお見舞いとして持っていく花を買いに花屋を訪れる。ある人は、恋人の誕生日に捧げる花束を買いに花屋を訪れる。また、ある人は、自分の部屋を飾るため、花瓶に挿す花を買いに花屋を訪れる。

花屋に来る人がどういった目的を持ち、何を求めて来るのかを知り、意識することで、接客や対応は自ずと変わるものだと言っているのである。そう考えると、わたしが売っているものは花や本ではなく、（結果としての）感動や夢だったりする。

人は本が欲しくて本を買いに来るのではない。資格試験に合格するために、もうすぐ生まれるわが子の名前を付けるために、悩み事を解決するために、本を買いに来る。

そして、ある人は、小学生の時に図書室で出会い、ミステリ好きのきっかけとなった「怪盗ルパン」シリーズの読み残した作品を大人になった今、ぜひ読んでみたいと思って、書店にやって来る。

この本は誰が読むのか。この本を誰に読ませたいのか。そして書店はどう対応するのか。これはわたしたちにとって常に重大な問題だ。

考えろ、考えろ

妻と中学三年の娘とわたしは、見事なほど、読む本の趣味が異なる。ごく稀に二人の好みが一致することがあるが、その場合も残りの一人の反応は良くない。そんな三人が共通して好きな作家が、奇跡的というべきか、この世に一人だけ存在する。伊坂幸太郎さんである。幅広い層から支持されているということだろう。「また性懲りもなく、つまらない本を買ってきた」と白い目で見られることも少なくないが、伊坂幸太郎さんの新刊を買って帰ってきた時は褒められる。しかし、同時に、一刻も早く読み終えて次にまわすようにとプレッシャーもかけられるのだ。

先日刊行した『魔王』（講談社）もさっそく買って読んだ。従来の伊坂らしさも存分に醸し出しながら、新たな伊坂的世界を創り出した傑作だ。読み終わった後、できれば、もう一度ゆっくり味わいながら読み直したいと思ったが、一巡するまでは許されないだろう。わが家にも魔王のようなものが二人いるから待つしかない。

『魔王』は、考察好きの考察魔ともいうべき男の物語である。考察するのが好きというより、生きることは考察することだ、とばかりにあらゆる場面で「考えろ、考えろ」と自分に言い聞かせる。

生きることは考察すること。仕事をするということは考察すること。

さて、考えてみると、いや、考えるまでもなく、書店売場も考察することだらけである。おおよその場合、答えは見つからないから、わたしたち書店員の毎日は考察の繰り返しである。たとえば。

書店の売場に林立しているPOPは、はっきり言って邪魔だね。

先日、お客さんからそう言われて愕然とした。POPは、重要な販売促進ツールである。POPを付けることで本の売れ方が変わった例も多い。書店発ベストセラーだって、陳列とPOPの工夫で生まれてきたのだ。それをよりによって、邪魔だなんて。

原点に戻って、POPの役割から考えてみることにした。考えろ、考えろ。

『新POP入門』（四辻隆司／マール社）によると、POPとは、「POINT（場所）OF（の）PURCHASE（お客様が買い物する）ADVERTISING（広告）」の略である。広告が邪魔ってどういう意味だ。買いたくなる気持ちを誘発するつもりのPOPには、実は興味をそそらないということなのか。では、興味をそそるPOPとはどういうものなのだろう。

『LEONの秘密と舞台裏　カリスマ編集長が明かす「成功する雑誌の作り方」』（ソフトバンクパブリッシング）の中で、岸田一郎編集長は、雑誌の特集や個々の企画に付けるタイトルにおいて、使えないのは「言葉としての面白さや奇抜さのみに留意した表面的なコピー」で、それに欠けているのは、雑誌を作る上での本来の切り口、つまり「どうしてこの商品が素敵なのか、面白いか」という視点へのこだわりだと言っている。

なるほど、わたしたちは、POPこそが、書店が独自性を出せる最大の武器と強く思うゆえに、いつの間にか、POPを多用するだけで売場が活気づき、購買欲を誘発できると勘違いしていたのかもしれない。広告だって誘発できなければただの邪魔ものでしかない。

どうしてこの本が面白いかという視点へのこだわり。これは、丸善丸の内本店、上村祐子さんが『中央公論』二〇〇五年十一月号「座談会・活字信仰を捨てた後に現れた若者と本との新たな関係」で話しているように、「(本を読み終わってすぐ書くぐらいの) 盛り上がってるときに、感情的に書く」POPが、一番の近道なのかもしれない。

『商業界』二〇〇五年十一月号の特集「できる店長の仕事術」に、ヴィレッジヴァンガードラクーアの関戸康嗣店長が紹介されていた。全商品の七割にまで及ぶPOPは、そのほとんどが、関戸店長自身によって書かれたものだそうだ。たとえば、『JAZZアンソロジー』には〈いつもはRockしか聴かないけど、夜、車に乗る時ぐらいJAZZを聴きたい、というか、聴くような人になりたい。どうです。自分に、大切なあの人に買ってみません?〉というPOPが書かれている。商品そのものの効用や魅力でなく、それを使っているシチュエーションを想像させる技がここにある。

啓文社での例も一つ。

『星宿海への道』(宮本輝/幻冬舎文庫)に〈ご存じですか? この小説には〝尾道〟という言葉が、な、なんと七十一回も出てくるんです!! 嘘かホントか気になる人もならない人も今すぐチェーック!!〉と書いたPOPを付けたところ、売上冊数が四倍になった。もし、これが〈尾道も舞台となっている感動巨編〉というPOPでも同じ結果が出ただろうか。店頭でPOPを読んでもらおうと思うと、内容をくどくど書くよりは、「話しかける」書き方が良いみたいだ。「あなたに読んでほしい」という気持ちが伝わりやすいのかもしれない。その気持ちが届き、手に取ってもらえた時、POPはその役目を果たしたといえるだろう。

その本の素晴らしさを話しかけるように伝え、深層心理をくすぐるようなPOPを書くために、書店員はたえず好奇心を持ち続ける必要がある。商品である本に限らず、売場やお客に対しても好奇心を全開にして観察し、接することが大事だ。

そういえば、『魔王』にこんなフレーズがあった。

人間の進化の最大の武器は好奇心。

妻は教養新書が大好き

わたしが大好きな漫画家の一人である吉野朔実さんの作品に『お父さんは時代小説《チャンバラ》が大好き』（本の雑誌社）がある。時代小説が大好きなお父さんをはじめ、本にまつわる日常が描かれていて、本と暮らす生活はこんなにも楽しいのだなあと、あらためて感じさせてくれる。

さて、このタイトルをもじって言うと、「妻は教養新書が大好き」だ。

経済、社会、文化、歴史、科学……。教養新書に、無いジャンルなど無い。永江朗さんの『いまどきの新書』（原書房）には「関係ありそうな新書を何冊か選んで購入し、ざっと目を通せば、その方面のことのあらましがつかめる」とあるが、妻はまさにそんな選び方をしていて、気になったテーマのものを続けて買う傾向がある。この間までは「マスコミ」と「うつ」に興味を持っていたが、最近は「団塊の世代」に注目しているようだ。

おかげで、わが家にはいろいろな分野の教養新書があり、わたしもついつい手にすることが多い。

本棚に並んでいる教養新書を眺めていると、おもしろいタイトルが目につく。ベストセラーは、例外なく、インパクトがあり、ユニークなタイトルばかりだ。一見、何の本かわかりにくいタイトルがあるが、わかりやすければ良いというものではない。タイトルがおもしろければ、どんな本だろうと手に取ってしまう。『さおだけ屋はなぜ潰れないのか？』（山田真哉／光文社新書）だって、『身近な疑問からはじめる会計学』というタイトルだったらこんなに売れていなかったに違いない。

『ご臨終メディア』（森達也、森巣博／集英社新書）の後口上に、タイトルがこれに決まった経緯が紹介されている。『ご臨終メディア』は、森巣博さんの発案で、森達也さんが提案した別のタイトルは「毒が薄い」、「意味不明」といった理由ですべて却下されたそうだ。このように、著者も出版社も本の内容と同じくらい「タイトル」には気をつかっている。『バカの壁』（養老孟司／新潮新書）や、『上司は思いつきでものを言う』（橋本治／集英社新書）も、タイトルが、ベストセラーになった要因の一つであることは紛れもない。

大ベストセラーとなった『頭がいい人、悪い人の話し方』（樋口裕一／PHP新書）の第二弾『頭がいい人、悪い人の〈言い訳〉術』が発刊される時、わたしたちはこれも凄まじいほどの売れ方をするはずと期待していた。しかし、期待は裏切られ、低調なスタートだった。発行元であるPHP研究所の人に冗談半分で、「ずっこけた理由を『頭のいい人、悪い人の〈言い訳〉

術』に書かれているポイントを参考にして言い訳するとどうなりますかね」と尋ねたところ、「教養新書は、判型だけでなく、装丁デザインも同じですよね。にもかかわらず、タイトルが前作とあまりにも似ていたために、書店店頭に並べても続編が発売されたことがわかりにくかったと思います。まず、この対策が不十分だった。さらには、〈言い訳術〉というネガティブな言葉をタイトルに入れたこともまずかったのかもしれません」と答えてくれた。言い訳というより見事な分析だと感心したが、くしくも、ここでも俎上に載せられたのは「タイトル」だった（ついでに言うと、ここまで見事な言い訳を導いた続編はその後、順調に売行きを伸ばしていった）。

教養新書は価格も大きさも手ごろなので衝動買いが多い。だからこそ、タイトルが重要なのだろう。最近、『人は見た目が9割』（竹内一郎／新潮新書）が売れているが、教養新書も見た目が九割なのかもしれない。

かつて、ロングセラーの宝庫だった教養新書は、時代の風潮に敏感なテーマを打ち出すベストセラーが柱になってきた。そのせいもあって、最近の教養新書はフットワークが軽い。そして、時として、軽いのは「内容」もだったりする。

ルックス（タイトル）にひと目惚れしたものの、中身が薄っぺらでがっかりするのは、人間も教養新書も同じである。数々の失敗を重ねて、本質を見極める眼力を養いたいものだ。

さて、冒頭に挙げた『お父さんは時代小説が大好き』の中に、『アンドロイドは電気羊の夢を見るか?』(ハヤカワ文庫)のタイトルが良すぎて、タイトルにすっかり感心して読んだ気になって、結局、読みもせずに満足したという話が載っている。そして十年ぶりに読んで、もっと早く読めば良かったと悔やんでいる。タイトルも良い、内容も充実している本と出合えた時の感動は最高だ。『お父さんは時代小説が大好き』ではこうも結んである。

本も御縁なのだ。

地方書店も眠らない

本を読むには目が良いに越したことはないが、書店員の仕事もまさに目が物を言う。

先日、文芸出版社T社営業部のSさんが久しぶりに訪ねてきてくれた。Sさんは本の目利きで、目新しい情報や目の覚めるような話をたくさん聞かせてくれる。ごく一部の書店だけで売れている作品を教えてもらっては、目を丸くし、それをどこに並べて隣にどの本を置くかという話に、目を白黒させ、キャッチコピーを聞いて、目からウロコが落ちた。

出版社の営業は、担当地区の書店を定期的に、あるいは不定期にまわり、書店員との情報交換や、自社出版物の販売促進に努める。品揃えや売場改善の提案をしてくれることもある。書店は売上を伸ばすため、出版社は自社の出版物の売行きを伸ばすことを目的とし、顔をつき合わせて作戦会議をする。注目の新刊や重版情報なら、DM、メール、FAXなどでも可能だが、会って話しながらでなければ聞けない貴重な意見や提案が山ほどある。たとえば、作者や編集の作品に対する意気込みといった裏話めいたものや、文庫を定番やロングセラーだけで品揃えすると旬の作家の作品が漏れてしまうので、新刊を除いたここ半年間の売行き上位商品を軸に品揃えをしようという打ち合わせなどは、話の流れの中から生まれてくるものだ。

Sさんの担当エリアは、中国、四国九県と、都内では新宿、池袋など。わが広島県に出張に来るのは一年間にわずか三回である。つまり、次にSさんから今回のようなおもしろい話を聞くことができるのは四か月後だ。

都内の担当地区である新宿や池袋には、一か月に二回は訪問するそうだから、こんな情報交換が頻繁にできる都内の大型書店がとても羨ましい。

地方と首都圏に生じる情報量の差を縮める手段として、地方に本拠地を持つ書店チェーンが、出版社などから充分な情報を得るために、都内に旗艦店、アンテナショップを出店したり、事務所を設けたりするケースも珍しくない話だから、書店が情報をいかに重要と考えているかおわかりいただけるだろう。

出版社は、情報に飢えている地方書店のために、もっと訪問回数を増やせば良いと思うが、出版社側にもそうはいかない理由がもちろんある。

出版社の大半は東京都内にあり、地方に出張するには経費がかかる。もちろん、それに見あった成果を得ることができれば迷うことなく地方出張を増やすだろうが。

数社の文芸出版社に聞いたところによると、東京都の書店の売上は、全国のおよそ二十パーセントを占めるそうだ。たとえば、一万冊売れたとすると、そのうち二千冊は東京都内の書店だけで売り、その他の道府県で残りの八千冊を売った計算になる。二〇〇五年十二月に刊行された『平成大合併　日本新地図』(正井泰夫監修／小学館)によると、東京都の人口は千二百八万人で、日本全国の約一割にあたる。そして近隣の地域から都内に流入してくるので、シェアはさらに上がるのだ。

こうしてみると地方の書店が販売する文芸書は驚くほどに少ない。すべてのジャンルの本が同じような数字ではないと思うが、出版社の大半は東京都内に存在し、文芸書は、首都圏に膨大な需要が集中していることは間違いない。だから当然のようにいろいろなことが首都圏中心に展開される。

「今回の作品は当社でも力を入れて押していきたいので、宣伝費も通常より多く使います。交通機関の中吊り広告などを中心に展開していきます」と、こう言われても、それは首都圏や主要都市に限られたことで、地方の書店にはまったく関係がない。ただ、首都圏の大型書店の売上ランキングの上位に入れば、マスコミが取り上げたり、出版社も重版し、広告をうつ回数を増やしたりするから地方でも注目されはじめる。とにかく売れはじめるスピードは首都圏が圧倒的に速い。よって、首都圏の書店の売上ランキングに気をつけて、仕入れをおこなっていけば、その時点でまったく売れていなくても、入荷する頃に売れはじめることも多い。一方、首都圏と地方の書店の間にある「売れ」の時差が原因で、地方の書店が注文しても手遅れで入手できないことがある。首都圏の書店で、新刊の発売日に売行きがよく、追加分を確保した時点でも、地方の書店ではまだ発売されていなかったりするからだ。

情報だけでなく、地方書店は書籍の入荷する数も少ない。販売シェアに合わせて配本したとすると、二十パーセントが東京都内の書店、残りの八十パーセントが北海道から沖縄までの書店に届けられる。地方といっても政令指定都市や県庁所在地にある大型書店には優先だろうから、中小、零細書店には届かない本が多い。これは当然といえば当然のことなのだが、そのためお客さんから「テレビでベストセラーだと紹介し、出版社が重版したと新聞広告を掲載しているのに品切れしているとは書店として失格だ」と叱られることも少なくない。

一冊だけ入荷した本が発売日に売れたとしたら追加注文すべきか、注文するなら何冊が妥当か、この判断がなかなか難しい。二十冊入荷して発売日に五冊売れたとしたら、どの書店も追加注文を出すはず。たくさん入荷し、たくさん売れる書店の方がきっと判断しやすいに違いない。

他業種の人からよく「本や雑誌は返品できるんだよね、そんな楽な商売はないよ」と言われるが、やみくもに仕入れれば良いというものではない。返品業務には人件費もかかるし、首都圏にはないが、地方では返品運賃も書店が負担している。これがばかにならないほどの金額だからタイミングや目論みがはずれると何のために仕入れたのかわからなくなる。

地方の書店には、地方の書店ならではの苦労があるのだ。

さて、わたしは今回、地方の書店として愚痴を並べ、ぼやくことに終始するつもりはさらさらない。決して八方ふさがりなのではなく、やれること、やらなければならないことはたくさんあるからだ。

ベストセラーを追いかけるだけでなく、提案型の展開をし、自店ならではのベストセラー、ロングセラーを作る。お客さんの声に耳を傾け、それをもとにした独自の売場を作っていく。メインターゲットを明確にし、その層にあてたフェアや品揃えを展開していく、などなど。売上規模が小さいのだから、これらをローコストでやる必要がある。地域社会の中に活きる書店のあるべき姿を書いた『街の本屋はねむらない』（奈良敏行＋田中淳一郎／アルメディア）という本があるが、地域の担い手であろうとする小さな書店は、都内の書店であろうと地方であろうと、ねむる暇などないのかもしれない。

結局、首都圏の大型書店と地方の書店の運営方法は似て非なるものなのだ。

以前に、近くの町にできたショッピングセンターの中に、都内で超大型店舗を構える書店の支店が出店したことがある。立地やショッピングセンターの客層を無視し、独自の品揃えをした。週刊誌やコミックは持たず、児童書もキャラクターものを無視して名作絵本だけを置き、その代わりに、芸術書、人文書コーナーを大きく取った。百坪弱のさほど広くない売場にもかかわらず、ネームバリューと良書を軸にした独特な商品構成で、いわゆる本好きを遠方からでも集めてみせると豪語した。「東京のど真ん中にある日本最大級書店の支店がこの町にできました」とPRした。

しかし、その戦略は成功しなかった。一年後には方針を変え、週刊誌を揃え、雑誌とコミック中心の店となり、絵本の回転塔や什器を通路にはみ出させるほど並べた。そして結局、それでもうまくいかず数年後、撤退したのだ。

人口の多い都市型の大型書店でのノウハウは、地方の人口が少ない町では通用しにくい。事実、大型店舗を展開するナショナルチェーンは、地方都市はともかく、人口の少ない町に出店はしない。『たたかう書店』（青田恵一／青田コーポレーション出版部）では、超大型書店はいつどこに出てもおかしくない時代が来ていると言うが、それによって小さな書店は淘汰されていくから結果として、書店は巨大化しながら離れていく。言い換えれば、大きな町まで出かけなければ欲しい本は手に入らないのだ。

山陰には、全国における文芸書売上シェアが人口の割合をはるかに上まわる県がある。文化レベルが高い地域特性かもしれないが、志の高い書店がその地域に根ざしてきたからだと思う。このような書店の存在は、地方の書店を勇気づけ、まだまだやらなければならないことがいかに多いかを気づかせる。地方の書店は儲からないからといってその地を離れるわけにはいかない。だから厳しい現実から目をそらすことなく、たとえ目がまわるほど忙しくても、猫の目のように変わるお客さんの動向を、目をさらのようにして観察し、お客さんが思わず目を細めて歓んでくださることには効率の悪さにも目をつぶり、お客さんの目にとまるような仕掛けを繰り広げ、売りたい本を目立たせていくしかない。

地方の書店には、地方の書店ならではのやり方があるのだ。

わかりにくいが消えていく

投資家のための企業情報誌『会社四季報』には、判型も大きく文字も大きい「机上版」がある。この机上版の需要が意外に高いので、宣伝を強化し、さらに売り伸ばそうということになった。もともと「もっと文字の大きい『会社四季報』はないのか」という要望が多かったのだ。発行元である東洋経済新報社が、まず、打った手は、「机上版」から「ワイド版」に名前を変えることだった。理由は簡単で、「机上版」を読めない人、意味がわからない人が多いから。東洋経済新報社にかかってくる電話注文には「机上版」の読み違いが日常的だった。日本語である「机上版」より英語の「ワイド版」がわかりやすいというのもおかしな話だが、事実は事実だ。こうして二〇〇七年二集春号から「ワイド版」に誌名変更された。

「とにかく皆にわかりやすく」というスタンスは出版業界に限らず、テレビ、新聞なども同じである。テレビの天気予報でお馴染みの「夜半」や「宵の口」といった言葉は、番組の中でもだんだんと使われなくなっている。わかりやすい天気予報には相応しくない言葉なのだ。

こうして次第にわかりにくい言葉が日常から消えていく一方で、古くから使われている日本語や国語力を身につけるための本が売れているのは興味深い。

『大人の「国語力」が面白いほど身につく！』（話題の達人倶楽部編／青春出版社）には、実際に話し言葉で使われている言葉は、日本語全体の「単語」の五パーセントに過ぎないとある。

太田光さんと中沢新一さんの共著『憲法九条を世界遺産に』（集英社新書）に倣って、日本語こそ世界遺産にしてでも残し続けていきたい。国語力を身につけるには日常で使うことこそ一番の方法と思うのだ。

「誰でもわかりやすいように」という考えは確かに良いと思うが、いつでもどこでもそれではちょっと困る。

映画字幕翻訳家、太田直子さんが著書『字幕屋は銀幕の片隅で日本語が変だと叫ぶ』（光文社新書）で語る意見に「なるほど！」と膝を打った。

「くどくど説明せず、最小限の的確な映像と言葉によって、その背後にあるものを読み取ってもらい、総体として見る側の心を動かす。これが映像作品のひとつの理想ではないだろうか」

そうだ、そのとおりである。

にもかかわらず、字幕に対し「ここがわかりません。あれがわかりません、もっとわかりやすくしてくれないと困ります」という要望がしょっちゅうあるそうだ。

映画に限らず、小説や詩や絵画や彫刻でも同じことがいえて、受け手が自分なりに何かを感じることができればいいはずで、少しくらいわからなくても死ぬわけではないし、一つの作品に対し万人がまったく同じ理解をする方がよほど無気味だというのが、太田直子さんの主張だ。

わたしが歌丸さんなら座布団を五枚ほど差し上げたい。

そういえば、最近のベストセラー小説は、シンプルで感情移入がしやすくて、言い換えれば「わかりやすい」作品が多い。みんなにとってわかりやすいものだらけの世の中は、無気味とは言わないが、味気ない。

というようなことを考え、少しだけ心配になっている今日この頃なのである。

八方美人になりたい

売場を作る時、バランスを大事にしたいと考えるのは、わたしが天秤座だからではない。ねんのため。

バランスの良い売場というのは、たとえば、憲法問題では、憲法改正を推す本といっしょに護憲派の本も並べるということ。環境問題でいえば、リサイクルを推進する本だけでなくリサイクルの矛盾を問う本も揃えるということだ。

書店には、老若男女、あらゆる趣味嗜好、あらゆる思想を持った人がやって来る。どんな本に興味を持ち、どの本を支持するかはお客さん次第だから、偏った品揃えをするべきではない。しかし、気をつけているつもりでもいつの間にかバランスが崩れていることがあるから困ったものだ。

かつて、棚のバランスを欠いたことで、痛い目にあったことがある。

今でこそパソコンはあらゆる層のユーザーに行きわたった感があるが、パソコンが急激に普及する過程で、アプリケーションソフト入門書が飛ぶように売れた時期があった。あまり売れるので、多くの出版社が我も我もとアプリケーションソフト入門書を刊行し、それがまた売れた。コンピュータ書出版社だけでなく、他分野の出版社も追随してアプリケーションソフト入門書を刊行し、その結果として価格競争が激化し、それでさらに売れた。

売場がアプリケーションソフト入門書で溢れてきたので、動きの鈍い中級・上級者向け書籍を棚からはずし、そこに収めた。廉価版アプリケーションソフト入門書の単価は、通常のコンピュータ書の半分以下だから、売れているようでも売上金額は低い。しかし、それでも売れているうちはまだ良かった。パソコンが市場に出まわったあたりから、当然のごとく、売行きが鈍ってきて、その時、ようやく自らの愚かさに気づいたのだ。

アプリケーションソフトの入門書を買った人が、やがて入門書では満足できなくなり次のステップに移りたいと思っても、中級・上級者向けの本は棚から消えていた。入門書、中級向け、上級向けとバランスの良い売場に戻すにはとても苦労した。入門書しか売れていなくても、中級・上級者向けの本はしっかりと揃えておくべきだったのだ。

話は変わって、今、教養新書がとても元気だ。売上ランキング上位を占めている。かつての教養新書は、岩波新書、中公新書、講談社現代新書を中心として、知識欲旺盛なファンに支えられていたが、敷居の高い分野だった。それが、ここ何年かにわたる創刊ラッシュとともに幅広い読者を獲得している。たくさんの読者から支持される理由は、時代に合ったテーマを取り上げるフットワークの良さと読みやすさ。

一方、現在の教養新書では物足りなく思っている読者も現れてきているはずだ。わたしがこういった人たちに提案したいのは「選書」である。教養新書が売れる時代だからこそ、新潮選書、朝日選書、中公叢書、講談社選書メチエ、角川選書といった、教養新書と専門書の狭間に位置する「選書」を積極的に展開していきたいと考えている。これもバランスの一つだといえる。

「売れる本」の存在はありがたい。しかし、売れる本だけの売場はありがたくないのだ。たとえば、児童書を売れる順に揃えていった結果、キャラクターものが圧倒的に多い売場になってしまったらどうだろうか。ポケモンや恐竜キングやウルトラマンだけが並び、図鑑や伝記がない児童書売場は、明らかにバランスが悪い。

ケータイ小説が売れているからといって、ケータイ小説ばかりを揃えた棚も同じこと。ケータイ小説は、女子中高生に圧倒的な人気があるが、彼女たちがいつまでもケータイ小説を読み続けはしないはずだ。いつの日かケータイ小説を卒業し、新たなジャンルの読み物に出会いたいと思った時、書店には、当然のごとくそれが用意されているべきなのである。

書店は一人ひとりのお客さんと長い付き合いをしていきたい。「かつて通っていた書店」にはなりたくない。目先の売上だけに目を奪われることなく、品揃えの偏りを防ぎ、バランスの良い売場を維持することで、みんなから愛される書店になりたいと思う。

誰からも愛される八方美人でありたいのは、もちろん、わたしが天秤座だからではない。ねんのため。

読んでみたいけど、買うのは惜しい本

突然だが、「読んでみたいけど、買うのは何だかもったいない」というと、どんな本を思い浮かべるだろうか。

書店員は、売れている本を訊かれれば、比較的容易に書名を挙げられるし、売れていない本は何かと訊かれても、売場から抜き出すことができるだろう。しかしながら、お客さんが「読みたいけど、買うほどでもない」と思う本は、なかなか言い当てられない。何より書店員の仕事にはそんなことを考える必要がない。

と思っていたら、「読んでみたいけど、買うのは惜しい本」について、考えさせられる場面に出くわしたのだ。

啓文社は、二〇〇五年、二〇〇六年と立て続けにインターネット・カフェを出店し、同じく二〇〇六年には、古書の買い取りと販売をするリサイクル館がオープンした。わたしが啓文社に入社した二十年ほど前には、まさかこういった事業を始めるとは思ってもみなかった。しか

し、インターネット・カフェや古書に取り組む書店はこれからもっと増えていくに違いない。今ではそう想像できるまでに時代は変わってきている。

書店の大型化は着実に進んでいる。

大型書店は初期投資額が大きく、回収するにも長い年月を要する。その間には、競合店が至近距離に出店することもあるし、商圏も変化するので、当初の計画が大幅に狂う危険性を伴っている。だから、いかに投資回収期間を短くできるかはとても重大で、それには利益率を上げることが最も現実的で効果的と言われている。しかし、書籍・雑誌の粗利益（売上高から売上原価を差し引いた額）を拡げることは難しい。だから、利幅の大きい商材とミックスして、全体の利益率をアップさせる方法を取るのだ。書籍や雑誌と相性が良く、利益率の高い商材を探し出すことは非常に重要なことなのである。

啓文社が今まで取り組んできた複合商材は、文具、CD、ビデオ・DVD、レンタル、ゲームソフトなど。この中には、利幅が大きいことを理由に取り組んだにもかかわらず、競合店との価格競争のため、それほどの粗利益が見込めなくなったものもある。

そんな中で、「今、あちこちで急増しているインターネット・カフェは、利益率が高い」という話を聞いた。

初期投資はかかるが、基本的に時間貸しの商売だからランニング・コストがかからない。会員制ビジネスで軌道に乗れば資金回収が早いという話だった。

値段の付いた物を店頭に並べ、お客さんに買っていただくという商売を当たり前のように思っていたので、場所を提供し、滞在時間で料金をいただくというビジネスに新鮮さを感じた。長い時間、居てもらうための設備やサービスが生命線だ。わたしは、インターネット・カフェに行ったことがなかったので、自社でやることが決まってからは、あちこちに行ってみた。いろんな立地にいろんな規模でいろんなスタイルのインターネット・カフェがある。インターネットができて、コミック読み放題、ドリンク飲み放題は当たり前で、他にも、ビリヤード、ダーツ、卓球台、マッサージチェア、シアタールーム、カラオケルーム、シャワールームなど備えた店があった。

啓文社にとってのインターネット・カフェ一号店は、広島市西区。通行量の多い道からは少し入った場所になる。幹線道路沿いだったら書店を出店していただろう。少し入ったわかりにくい場所なら会員制の商売をすれば良いということになって、インターネット・カフェとレンタルの複合店を作った。

ちなみに、翌年のインターネット・カフェ二号店は、書店との複合で出店した。

インターネット・カフェのノウハウのない啓文社は、フランチャイズで出店することにした。コミックは約三万冊。コミック以外にも新聞、週刊誌、雑誌、新刊書籍などがあり、自由に読めるようになっていた。

しかし、ここに用意している新刊書籍は何だかおかしい。ひと昔前のベストセラーや、売れ筋からは微妙にずれているものが多かった。どういう基準で選本されているのだろう。フランチャイズ本部のＳＶ《スーパーバイザー》に訊いてみると、こんな答えだった。

「ベストセラーは、みんな書店で買ってしまうでしょう。だから、話題になっているからちょっと中を見てみたいけど、買うのはもったいない、という本を揃えるのがコツなんです」

なるほど、そう聞いてあらためて眺めてみると確かにそんな感じがする。タレントが書いたエッセイ、お笑い芸人のネタ本、アイドル写真集や占い本なども並んでいる。思わず手に取りたくなるものや時間潰しにはもってこいの本が棚に収まっていた。

本を扱う商売は、街にある新刊書店だけでなく、古書店、インターネット書店、漫画喫茶、コミックレンタルなど、時代とともに多様化している。それぞれがそれぞれの売り方をし、お客さんはそれを使い分ける時代に入っている。重なる部分もあるが、異なるターゲットに対し独自の提案をしている。買うのはもったいない、という本を揃える。これもノウハウの一つなのだと感心した。

面接会場の速射砲

三月になると、ビジネス書売場の平台に、ビジネス・マナーや敬語の本が並ぶ。もうすぐ社会人になるフレッシュマンに買ってもらうのが狙いだが、新入社員の研修に使うテキストとして、上司が購入する方が多いようだ。

啓文社も四月になれば五名の新入社員が仲間入りする。みんな、卒業式も終えていないうちから、既に、「研修」という形で勤務している。ご苦労さま。

一方で、来年度の新卒採用がスタートしている。

先日、本社で面接試験をおこなった。面接官は、毎年、各部門の責任者にお願いしているが、三月は新規出店が控えていて、その準備で大わらわ。外商部は、地元の小・中・高校の教科書が大量に入荷しており、一年で最も忙しい時季を迎えている。高校の教科書販売は同じ日に何校も重なるので、全部署から応援に入るのが恒例だが、今年は新規開店の準備で、店からの応援がないため、いよいよ緊急事態になっている。さっきから教科書の箱をひっくり返して何かを探している外商部の瀬尾次長に面接官をお願いしてみたが、やっぱり無理だった。探しているのはきっと猫の手に違いない。

外商部からの面接官は諦めることにした。

そこでポートプラザ店、佐藤店長に白羽の矢が立った。脱メタボをスローガンに、果敢に「夕食抜きダイエット」に取り組んでいる佐藤店長。標的のお腹が大きくて白羽の矢が当たったのではなく、現場で数々の面接をこなしているベテラン店長だからだ、ねんのため。パート、アルバイトスタッフは、店長に採用権があるので普段から面接は数多くこなしている。でも、正社員の面接は初めてだ。

正社員採用の面接官は一人ではない。各部門の責任者、さらには監査を担当している大ベテラン、面接の達人の松井部長がいるから安心だ。安心というより、面接会場は、松井部長の独壇場といえる。学生が緊張していると思ったら、冗談を言って、場をなごませる。自分でボケて自分で突っ込むという「ひとり漫才」をやってのける。リラックスさせたところで、鋭い質問を次から次へと浴びせ倒す。まるで速射砲。相手がたじたじになって辻褄の合わない発言をしようものなら、嵩にかかって追い討ちの質問を投げかける。松井部長が言うには、窮地に追い込むことでその人の本性が垣間見えるものらしい。短時間で人柄や性格を見抜くためには、これが最適の方法だそうだ。なるほど説得力がある。というわけで、往年の中田英寿を彷彿させるキラーパスのような鋭い質問は松井部長の得意技。ワールドカップ級だ。

さらに松井部長の観察力は鋭く、学生があまりに動揺してしまって本来の自分が出せない精神状態にあると察すると、すっと気持ちを和らげる話を挟む。

「いつまでシラを切っているんだ。ネタは上がってんだ」

「まあまあ、そうカッカするな。どうだ、タバコでも。ところで故郷のおふくろさんは元気にしているのか」

取調室の血気盛んな若手刑事と老練なベテラン刑事の抜群のコンビネーションを、この面接会場で、一人でやってしまうのだ。

思い出してみると、佐藤店長やわたしが入社試験を受けた時も、松井部長は面接官の一人だった。「でも、今ほどきつい質問をされた記憶がない」と言うと、「だから、こちらが見抜けなかった。そのおかげで君たちが入社できたのだよ。その反省が今日の面接スタイルを生み出した」

辛口、へらず口、憎まれ口……。松井部長はいくつの口を持っているのか。その口から質問がまた繰り出される。

「本は読む？好きな作家は？」

ここまでなら誰でも一人くらい作家を挙げることができる。

続いて、「どの作品が好き?」

これに答えると、「他には?」

答えるとまた「他には?」

ここらあたりで答えに詰まってしまうと「それだけ?」といかにも落胆したような表情をみせる。書名を間違おうものなら、「その作家にそういった作品はないよ。好きな作家なのに覚えていないの」と鋭く指摘する。作品名を搾り出したところで、「それでその作品のどういうところが良かった?」。

ねんのために言っておくが、猫をかぶる学生に対し、窮地に追い込むことで本性を出してもらうというのが狙いだ。けして苛めているのではない。

「ところで君は、啓文社には何軒行ったことがあるの」

ここで一軒とか言ってしまったら「ほほう、入社試験を受けようとする企業を研究しようという気持ちにはならなかったのだね。真剣さが足りないのかな」と攻撃される。

「五軒くらい行ったことがあります」

初めて面接に参加した佐藤店長は、午前中こそ松井面接官と学生の緊迫した攻防をハラハラしながら見守っていたが、午後からは、松井部長のパターンがつかめてきた。そして、五軒と答えた学生の登場になぜかほっとした。

しかし、松井部長はそれがどうしたという顔をして、「その中でどの店が好きですか」と、続ける。

彼女はこう答えた。

「ジャスコ三原店です。ある日、レジのところで、お客さんに親切に本の説明をしている店員さんがいらっしゃいました。それを見て、こういうところで働きたい、こういう仕事をしたいと思いました」

いつも丁寧に応対している○○さんのことかな。それともベテランの△△さんか。

ついこの間までジャスコ三原店に勤務していた佐藤店長は、そんなことを思いながら履歴書や筆記試験の成績を目で追い、面接評価票のチェック項目を埋めていた。

「その店員さんはこちらの方だったと思います」

佐藤店長が顔を上げると、彼女と目が合った。えっ、僕?

「きっと、人まちがいだよ」

松井部長は、間髪入れずそう言って、面接会場の全員を笑わせ、重い雰囲気を一遍に和らげる。佐藤店長だけがズッコケて照れくさそうに苦笑いしていた。

幼なじみと郷土の本

「こんにちはー。ちょっとお願いがあるんですよ」

突然、やって来たのは、肥料や農薬などを扱う会社を経営しているYさんだ。Yさんの会社は、啓文社本社から目と鼻の先にある。わざわざ来てもらうこともなく、Yさんの会社からでも充分に聞こえそうな大きな声は大学時代に所属していた応援団で鍛えたものらしい。

「僕の幼なじみが本を出したんですよ。オムツをつけていた頃から家族ぐるみの付き合いで、幼稚園から中学校までずっと同じところだったんです。とても良い本だし、啓文社にもぜひ応援してほしくて」

啓文社の各店には「郷土の本」の棚があり、地元のことを書いた本、地元の人が書いた本を集めている。それを知っていて訪ねてきてくださったのだろう。

Yさんが手にしていた本は、『ミラノ　朝のバールで』（宮本映子／文藝春秋）といった。

著者の名前はどこかで聞いたことが……と思いながら裏表紙にあった著者の近影とプロフィ

ールを見ると、なんとわたしの高校の同級生だった。高校を卒業してから一度も会ったことはないが、海外で暮らしていると風の噂で聞いたことはあった。プロフィールには、二十年以上前からイタリアで暮らしていると書いていた。

「もちろん、一番目立つ良い場所に置きます。わたしもさっそく読んでみますね」

と、Yさんに伝えた。

この本には、宮本映子さんが高校を卒業してから起きたいろいろなことが書いてあった。今から二十年ほど前、家の事情で大学を辞めざるを得なくなった彼女は、偶然見かけた「イタリアにてウエイトレス募集」の広告を頼りにイタリアに旅立ったのである。たった一人で海を渡った彼女は、やがて結婚し、出産し、大家族に囲まれて幸せに暮らしている。夫の経営するレストランを手伝い、子育てをしながら、イタリアでの生活を日記のように書き綴っている。この本はそれを一冊にまとめたエッセイ集だった。

それにしても、なぜ、イタリアなのか。そこにはちゃんとした理由があった。十歳の誕生日にお姉さんからプレゼントされた一冊の写真集。イタリアで撮られた美しい風景の数々に魅せられた少女は、何度も何度も写真集を開いては眺めたという。

写真集に感動した少女は、写真家に手紙を書いた。返事が来なくても手紙を書き続け、やがて、写真家からも返事が届くようになった。そして手紙のやり取りはその後もずっと続いた。

そんなわけでイタリアは彼女にとって特別な国になった。イタリアに行くきっかけとなった募集広告は、彼女の背中をポンと押してくれただけなのかもしれない。一冊の本が彼女の人生を変えたといっても過言ではないのだ。

イタリアでの生活は、決して順風満帆だったわけではないようだ。苦労も少なくなかったが、それでもとても幸せそうな日々が描かれているのにはいくつかの理由がある。家族がそばで、そして遠い日本でいつも支え続けてくれたこと、豪快で温かいイタリア気質が肌に合ったこと、文章に書くという行為はすべてを良い思い出に変えてしまう魔力を持っていること。

彼女に文章を書くよう勧めたのは、あの写真集の著者だった。

彼女はイタリアで出産し、子どもが重い病気にかかったり、自らも産後うつになったりして、しばらく手紙など書ける状態ではなかったが、ようやくペンを執ることができるようになり、久しぶりに手紙を書けるまでに回復した頃、写真家から届いた返信には、毎日、目に映ったさまざまな事柄を文章に書きとめてはどうかという提案が書いてあった。写真家は、文章を書くことが彼女らしさを取り戻す最良の薬だということを感じ取っていたに違いない。『ミラノ　朝のバールで』はこうして誕生した。おそらくこの本の出版を最も喜んでいるのは写真家だろう。

一冊の本が人の人生を変え、新たな一冊の本を生んだ。そして、『ミラノ　朝のバールで』

もそういう力を持っている本だとわたしは思う。そんな素敵な本を一人でも多くの人に読んでほしいと心から願っている。

わたしは、この気持ちをとにかく誰かに伝えたくて、Yさんの携帯電話の番号を押しはじめていた。

書店員の幸福な時間

「場所がないのならともかく、そうでなければ、絵本の読み聞かせ会は、全店でやるべきだ」

今年一月、本社でおこなわれた新年全体会議で、手塚淳三社長は全社員を前にこう言った。既に絵本の読み聞かせ会を定期的に開催している店もあったが、やっていない店の方が多かった。啓文社では他の店を仲間と思うと同時にライバルと思う風潮があって、他の店の良い事例をそのまま真似することを嫌がるところがある。良いことは一部の店だけに留めないで、全店で共有するのが当たり前ではないか。手塚社長の主張は明快だ。

実施している店に聞いたところ、読み聞かせ会はとても好評だという。

やっていない店も、実はやった方が良いことはわかっているに違いない。それでも二の足を踏んでいたのだ。読み聞かせ会にお客さんは集まってくれるだろうか。他の店のようにうまくできるだろうか。読み聞かせ会を開いたところで、途端に売上が上がるわけではないのだから、そんな暇があれば、仕入れや陳列や接客に時間をまわすべきなのではないか。そんな思いが頭をかけめぐるのかもしれない。やらない理由、できない理由は、次から次へと思い浮かんでしまうものだ。

そんな様子を見て、手塚社長は、えいっと背中を押すことにしたのだ。

全国においても絵本の読み聞かせ会を開く書店が増えているそうだ。

絵本の読み聞かせをするとどんな良いことがあるのか。言葉で表すのはなかなか難しい。ただ、読み聞かせ会を開いている店は、一度、子どもたちの喜ぶ顔を見てしまうとやめられないと言う。

言葉で言い表せないと思っていたら、赤木かん子さんの著書『かならず成功する読みきかせの本』（自由国民社）の中にその「答え」を見つけた。

書店に限らず、読み聞かせをするいろいろな人から、赤木かん子さんは読み聞かせについてさまざまな質問を受ける。そんな時、赤木さんは質問をする人に、逆に尋ねてみるというのだ。

「ところで、あなたはどうして読んでやりたいのですか？」

その問いに対し、最も多い答えは、「本を好きになってもらいたいから」。

赤木さんからの質問はさらに続く。

「どうして本を好きになってほしいのですか？」

これに対する最も多い答えは、「心のやさしい子どもになってもらいたいから」。

では、「あなたのお子さんはやさしくないのですか？」。

「いいえ、とてもやさしいです」

読み聞かせに関する質問を数多く受けてきた赤木さん。その疑問の大部分は、「あなたが本を読む目的はなんですか？」を考えれば、解決することに気がついた。

わたしたちは、笑ったり、興奮したり、感動したりして、楽しい時間を過ごしたいから本を読む。それと同じで、読み聞かせは、子どもたちが、笑ったり、興奮したり、感動したりして、楽しむためにする。別の言い方をすれば、子どもたちの楽しそうな表情を見るために、絵本の読み聞かせ会を開くのである。

ある春の日、コア福山西店の読み聞かせ会。

この店の児童書担当者はとても恥ずかしがり屋だ。子どもたちの目が自分に集まると緊張して上手く読めない。仲間からすぐに慣れると励まされたが、そんなにうまくいかないことは彼女が一番わかっていた。いつも緊張と闘いながら読み聞かせをしていた彼女は遂に名案を思いついた。紙芝居である。紙芝居で顔を隠すと、子どもたちの目を意識することなく、読むことができた。こうして彼女は紙芝居専門の読み聞かせ担当となった。

この日も得意の紙芝居でトップバッターを務めた。紙芝居の向こう側にいる子どもたちの反応もまずまずだった。ほっと胸を撫で下ろし、次のスタッフに替わろうとした時、子どもたちの中から一人の男の子が立ち上がり、前に出てきた。

男の子は、子どもたちに向かっておじぎをすると、「〇〇小学校三年〇組、〇〇〇〇。『はらぺこあおむし』を読みます」と言って、持ってきた『はらぺこあおむし』を開き、読み聞かせを始めたのだ。

まさに突然の出来事。やめさせようかと思ったが、抜群に上手く、子どもたちも楽しそうに聞いているので、続けさせることにした。そして彼は、『はらぺこあおむし』を読み終わると、たくさんの拍手を浴びながら、満足そうに子どもたちの輪の中に戻っていった。

絵本の読み聞かせ会は、通常、三、四人のスタッフが交替で読むことが多い。読み聞かせ会のボランティアの方を招いて読んでもらうこともあるが、子どもに読んでもらったのは初めてだ。どちらが主催者か、わからなくなってしまった。

ある夏の日、多治米店の読み聞かせ会。

多治米店は、毎回、季節に応じたテーマを決め、読み聞かせをする絵本を選んでいる。食べ物に関する絵本とか、カエルの絵本とか。今回のテーマは「オバケ」だった。いつもの笑い声が響きわたる賑やかな読み聞かせ会とは少し趣が違って、子どもたちは皆、からだを小さくして聞いていたが、その目はいつものように、いや、いつもに増して輝いている。あいにくの雨にもかかわらず、集まってくれた子どもたちはとても喜び、今回も盛況のうちに終わることができた。

ひと安心して片づけをしていると、雷が大きな音をたて、停電になった。一瞬、店内の照明が消え、真っ暗になった。売場のあちこちで小さな悲鳴やざわめきが聞こえた。

それは、まるで読み聞かせ会「オバケ」特集の最後の演出のように思えた。

ある秋の日、多治米店の読み聞かせ会。

秋らしい絵本を読む合間に、図鑑や歳時記の中から、季節の行事のいわれや言葉、植物を紹介した。子どもたちは写真やイラストを食い入るように見、いろいろと質問をしてくる。お母さんたちも「へぇー!」と感心したり、隣の人と顔を見合わせながら大きく頷いたりしている。

「絵本の読み聞かせ会があると、子どもがどうしても行くってきかないから」、しかたなく連れてきたというお父さん、お母さん、または、おじいさん、おばあさん。いつの間にか、子どもたちといっしょになって聞き入ったり、見入ったりしている。笑い声は時として子どもよりも大きい。「お父さんも小さい頃、この絵本を読んだよ」と懐かしそうに子どもに話しながら、絵本を読み聞かせてもらった日のことを思い出しているのだろう。

子どもたちに楽しんでもらうための絵本の読み聞かせ会。

おもしろい本を読んでもらって幸福な気持ちになっているのは、子どもだけでなく、実は、付き添ってきた家族、そして、わたしたち書店員も幸福な時間を過ごしている。

あとがき

「書店員の仕事について書いてみませんか」

本の雑誌社、杉江さんから最初にそう言われた時、うろたえてしまった。雑誌や新聞によく登場する文章のうまい書店員はいくらでもいるではないですか。

「確かに、書ける書店員はたくさんいらっしゃいます。でも、ほとんどは、大手ナショナルチェーンで働く人や、都内近郊の書店員たちです。彼らが語る書店や書店員の日常だけで、全国の書店が同じことをやり、考えていると誤解されたら困りますからね。地方の書店には、地方ならではの悩みや喜びがあるはずですから」

なるほど、それは同感だ。

「それに児玉さんが今やっている、書店チェーンの本部としての仕事についても書いてもらえたら良いなと思って。名案でしょう」

今から考えてみると、魔がさしたというか、うまく乗せられたというか、結局、引き受けてしまった。

「まず、タイトルから決めましょうよ。良い案を思いついたら教えてください」

杉江さんが楽しそうに言うから、こちらもなんだかウキウキしてくる。でも、肝心のタイトルは全然思いつかなかった。

やがて、杉江さんからメールが届く。「『尾道坂道書店事件簿』は、どうでしょうか」

実は最初ピンと来なかった。だからもっと良いタイトルを付けようとしたが無理だった。まわりの人に『尾道坂道書店事件簿』というタイトルの感想を聞いたところ、ことのほか評判が良かった。そのうち、「そうでしょう。なかなか良いタイトルでしょう」と得意そうな顔をして胸を張る自分がいた。

『尾道坂道書店事件簿』、いいではないか。これ以上のタイトルはきっと、もう見つからない。

こうして「WEB本の雑誌」で、連載コラム『尾道坂道書店事件簿』が始まったのである。

文章はもちろん内容と締め切りについても、随分、大目に見てもらっていたので助かったが、たくさんの人の目に触れることを前提として文章を書くことに慣れておらず、戸惑うことが多かった。誰に向かって書けば良いのかさっぱりわからない。何より、わたしが書いたものを読んでくれる人なんているのだろうか。

連載がスタートし、初めてのリアクションは、同じ会社の後輩からだった。「楽しみにしているのだから、早く次を書いてください」みたいなことを言われた。せっかく、後輩が読んでくれているのなら、彼らにメッセージを伝えようと思った。わたしは今でこそ偉そうにアドバイスしたりしているが、新人の頃は、君たちよりもずっと出来が悪かったし、いい加減だったし、失敗も多かった。それでも何とかやってきたのだから、君たちは何も不安がることはない。新米書店員時代のことを綴った「坂道篇」はこういう思いで書いた。

次に、励ましをこめて感想をくれたのは、学生時代の友人だった。違う町に住んでいてもう何年も会っておらず、大病を患ったことで随分心配させてしまった。もう大丈夫だと伝えていたが、半信半疑だったに違いない。だから、病気のことや回復して復帰したことなどをくわしく書いて、安心させてやろうと思った。

入院している頃に書いた日記を久しぶりに読み直してみた。忘れていることが実に多かった。つらかったことは忘れてしまえば良いのだが、多くの人に迷惑をかけたことや、助けてもらったことは忘れてはならない。そういうわけで、「闘病篇」は、あの頃の「おさらい」をするつもりで書いたのだ。

やがて、書店の店頭でも連載を読んでいるという声を聞くようになり、そのあたりから、わたしが生まれ育った尾道や福山のことを書きたいという気持ちが強くなった。この土地で多くの才能が芽生え、育まれ、花咲いてきたことをいろんな人から教えてもらった。また、郷土を愛する心を持って、いろいろな活動をしている人がいることを知らされた。それをまた多くの人に伝えていきたかったし、次の世代につないでいきたいと思ったのだ。「尾道篇」はこうした思いをこめて書き綴った。

最初は、登場する人をイニシャルで書いていたが、だんだん面倒になってきて、特に、啓文社の人は基本的に実名で書くようになった。

入社した時の社長は、故・手塚景三前会長だが、その後、弘三社長にバトンタッチし、現在は、淳三社長である。そういうわけで、文中に出てくる「手塚社長」は同一人物でなかったりする。役職も当時のままだから、たとえば、大田垣専務は、倉敷店店長、営業本部長としても登場している。こうした読みにくさ、わかりづらさはご容赦いただきたい。

千里の道も一歩から。塵も積もれば山となる。三年の歳月を経て、四十九回の連載を重ねることができ、ふと、そんなことわざが頭に浮かんできた。

実際のところ、『尾道坂道書店事件簿』は、山にもなっていないし、千里もまだまだ遠く遥か先だ。相変わらず、誰に向かって何をどう書けば良いのか、毎回、頭を悩ませている。「わたしが書いたものを読んでくれる人なんているのだろうか」という思いは今も変わらない。変わらないので、単行本化についても、些か不安が残っている。

しかし、まあ、乗りかかった船か。

あとは、本の雑誌社、炎の営業マン、杉江さんの熱い営業に頼るだけである。

「いったん仕入れた本はとことん粘って売り切ってやるぜ」という全国書店員のプロ根性にすがるだけである。

タイトルと表紙だけで買ってしまう好奇心の強い読者の思いきりの良さに賭けるだけである。

皆さん、よろしくお願いします。

二〇〇九年一月　　　　　　　　　　　　　　児玉憲宗

本書は、WEB本の雑誌（http://www.webdokusho.com/）連載の「尾道坂道書店事件簿」を加筆修正のうえ単行本化したものです。

児玉憲宗（こだま けんそう）

1961年広島県尾道市生まれ。1999年、病気が原因で残りの人生を車椅子で送ることになるが、その前も今も尾道市に本社を置く書店チェーン啓文社に勤務。現在は本部にて出版社・取次と交渉するのが主な業務だが、ときどき店頭で接客も担当する。心はいつもバリバリの現役書店員。福山市在住。

尾道坂道書店事件簿

二〇〇九年二月二十日　初版第一刷発行
二〇〇九年五月　五　日　初版第三刷発行

著　者　児玉憲宗
発行人　浜本　茂
印　刷　中央精版印刷株式会社
発行所　株式会社　本の雑誌社

〒164-0014
東京都中野区南台4-52-14　中野南台ビル
電話　03（3229）1071
振替　00150-3-50378

定価はカバーに表示してあります
ISBN978-4-86011-090-1　C0095

◎本の雑誌社の本◎

辺境の旅はゾウにかぎる

高野秀行

高野ワールド全開！　東南アジア旅行＋辺境対談〈角田光代・井原美紀・内澤旬子・船戸与一・大槻ケンヂ〉＋エンタメ・ノンフ本ガイド。

四六判２５６頁　定価１５７５円（税込）

ミステリ交差点

日下三蔵

本格ミステリから冒険小説、ティーンズノベルまで、膨大な知識と類稀な情熱で贈る現代娯楽小説ガイド。

四六判３３６頁　定価２１００円（税込）

おかしな時代

『ワンダーランド』と黒テントへの日々

津野海太郎

１９７３年、伝説の雑誌「ワンダーランド」創刊。日本のサブカルチャーを誕生させた辣腕編集者が綴る創世の時代。

四六判４８０頁　定価２９４０円（税込）